외교관 아빠가 들려주는 외교 이야기

세계를 무대로 꿈을 꾸는 어린이에게

외교관 아빠가 들려주는
외교 이야기

초판 1쇄 2012년 12월 7일
초판 7쇄 2021년 7월 12일

글 정기종
그림 임익종
책임 편집 조연진
마케팅 강백산, 강지연
디자인 김언경 (사이랑)
펴낸이 이재일
펴낸곳 토토북 04034 서울시 마포구 양화로 11길 18, 3층(서교동, 원오빌딩)
전화 02-332-6255 | **팩스** 02-332-6286
홈페이지 www.totobook.com | **전자우편** totobooks@hanmail.net
출판등록 2002년 5월 30일 제10-2394호
ISBN 978-89-6496-125-4 73340

ⓒ 정기종, 임익종 2013
이 책은 저작권법에 의해 보호를 받는 저작물이므로 무단 전재와 무단 복제를 금합니다.

* 잘못된 책은 바꾸어 드립니다.

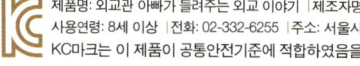

| 제품명: 외교관 아빠가 들려주는 외교 이야기 | 제조자명: 토토북 | 제조국명: 대한민국 | 인증유형: 공급자 적합성 확인 |
사용연령: 8세 이상 | 전화: 02-332-6255 | 주소: 서울시 마포구 양화로 11길 18, 3층(서교동, 원오빌딩) | 제조일: 2021년 7월 12일
KC마크는 이 제품이 공통안전기준에 적합하였음을 의미합니다.

⚠ **주의** 아이들이 책의 모서리에 다치지 않게 주의하세요.

외교관 아빠가 들려주는 외교 이야기

세계를 무대로 꿈을 꾸는 어린이에게

글·정기종
그림·임익종

토북

작가의 말

나의 직업은 외무공무원입니다. 보통 '외교관'이라고 불리지요. 지금은 국제 사회에서 대한민국의 위치가 매우 높아졌습니다. 세계 각국의 다양한 분야에서 성공적으로 활동하는 한국인의 수도 셀 수 없이 많이 늘어났지요. 그만큼 외교관들의 활약이 중요해졌다는 뜻이기도 합니다.

이 책은 막내아들 건명이가 열두 번째 생일을 맞았을 때 선물로 써 준 글들을 엮은 것입니다. 그동안 외교관으로 생활하는 아버지를 따라 여러 나라를 다니느라 힘들었을 텐데 하는 미안한 마음이 늘 있었지요. 열두 번째 생일을 맞는 해에는 뭔가 기념에 남을 선물을 해 주고 싶었습니다. 그때 건명이가 '아빠, 이것 책으로 만들어 주세요.'라고 했는데 그 원고가 정말 책이 되어 세상에 나오게 되었습니다.

이 책에서 전하고 싶었던 이야기는 세계를 가슴에 품고 꿈을 향해 나아가라는 것입니다. 세계 여러 나라의 장점을 받아들이고 여기에 우리의 장점을 더하면 우리나라는 더욱 발전할 것입니다. 역사의 어려움을 딛고 우뚝 선 우리 대한민국은 세계에 희망을 줄 수 있는 나라입니다. 또한 우리나라의 건국 이념인 홍익인간, 널리 인간을 이롭게 한다는 정신은 세계에 자랑스럽게 내보일 수 있는 훌륭한 것입니다.

꿈은 실력을 성공으로 이끄는 날개와 같은 것입니다. 어린이 여러분이 지금 어떤 꿈을 꾸고 있든 힘들고 어려운 일이 있더라도 포기하지 말고 용기를 잃지 않기 바랍니다.

마지막으로 내리사랑이라고는 하지만 맏이로서 고생한 아들 건행이와 아결이, 부모님과 아내에게 고맙고 미안한 마음을 전합니다. 글을 잘 다듬어 준 토토북 출판사와 멋진 그림을 그려준 임익종 작가에게도 감사합니다.

정기종

작가의 말 ······ 4

외교, 그게 뭐예요?

외교는 친구를 사귀는 일 ······ 10
외교는 언제부터 시작되었나요? ······ 13
싸우기 전에 이겨라! ······ 16
신뢰는 외교의 기본 ······ 19
사이좋은 나라, 사이 나쁜 나라 ······ 22
적의 적은 나의 친구 ······ 25

한걸음 더 세계를 향해! 비자? 여권?

차례

나라와 나라 사이

외교부를 소개합니다 ······ 32
대사로 임명해 주세요 ······ 37
어디에 위치했느냐, 그것이 문제 ······ 40
나라 사이에도 지킬 건 지켜야지 ······ 44
전쟁을 멈추게 하는 조약 ······ 47
우리나라 하늘은 우리 것일까? ······ 50
우리 땅을 탐내지 말아 줘 ······ 53
남극은 어느 나라 땅? ······ 58
쉿! 비밀이야 ······ 61
역사를 바꾼 공문서 ······ 64

한걸음 더 세계를 향해! 국제기구의 종류

외교관은 국가대표

외교관이 궁금해요 ······ 76
외교관, 좋은 점과 나쁜 점 ······ 79
3년마다 짐을 싸요 ······ 82
외교관과 스파이 ······ 85
정직이 최고! ······ 88
외국어를 잘해야 하는 이유 ······ 91
몽골마에게 배울 수 있는 것 ······ 94
외교관에게 체력은 필수 ······ 98
이런 것도 기억하다니! ······ 102

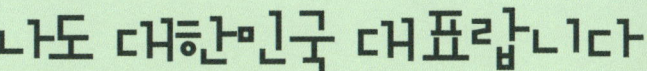
한걸음 더 세계를 향해! 스파이 왕, 엘리 코헨

나도 대한민국 대표랍니다

함께 살아가는 세계 ······ 110
힘보다 지혜 ······ 113
리더가 되고 싶은 어린이에게 ······ 117
여행하면서 자라요 ······ 120
어떤 나라든지 본받을 점이 있어요 ······ 124
부드러운 힘 ······ 127
자긍심을 가져요 ······ 130
희망을 주는 나라, 대한민국 ······ 133

외교, 그게 무엇이에요?

외교는 다른 나라와 정치적·경제적·문화적 관계를 맺는 일을 말합니다. 왜 이러한 관계를 맺어야 할까요? 우리나라에 이익을 가져오게 하기 위해서, 더 나아가 지구촌 여러 나라가 도움을 주고 받으며 평화롭게 살기 위해서입니다. 지금처럼 인터넷이 발달하고 물자와 사람들의 이동이 활발한 시대에는 다른 나라와 소통하고 협력하는 일이 더욱 중요합니다. 그럼 외교가 무엇인지 차근차근 알아볼까요?

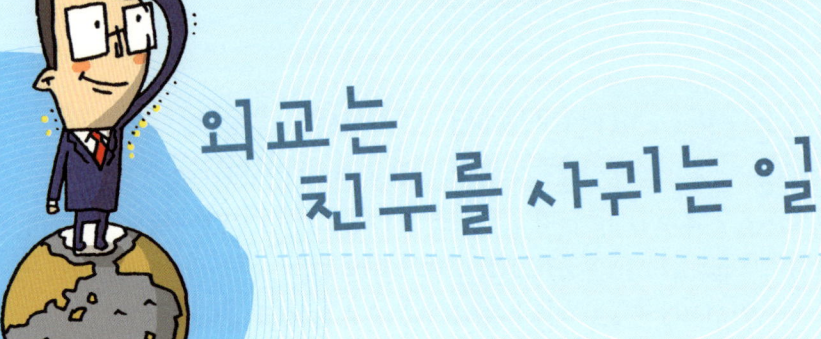

외교는 친구를 사귀는 일

　어린이 여러분도 뉴스나 신문에서 '외교'라는 말을 자주 접했을 겁니다. 외교를 영어로는 'diplomacy'라고 하는데, 이 말은 접는다는 의미를 가진 그리스어에서 온 것입니다. 왜 외교가 접는다는 의미에서 시작되었을까요? 그 이유를 알려면 당시 상황을 살펴봐야 합니다.
　아주 오래전 그리스에서는 지금과 달리 외국 여행이 자유롭지 않았습니다. 국민이 많으면 노동력이 많아지고 군사의 수도 많아지는 것으로 여겨서, 사람들이 외국으로 자유롭게 나가는 것을 허락하지 않았지요. 정체를 알 수 없는 낯선 외국인이 국내에 함부로 들어오는 일을 경계하기도 했습니다. 하지만 당시 그리스에는 여러 도시국가가 있었고 이들 사이의 문제들을 해결하기 위해서는 어쩔 수 없이 사신이 오고 가야 했습니다. 그래서 기원전 300년경에 처음으로 외국을 다닐 수 있는 증명서가 '접는' 두루마리 형태로 만들어졌습니다.

바로 지금의 여권과 같은 것이었지요. 외교관도 처음에는 '여행 허가 증명서를 가진 사람'이라는 의미였습니다.

외교는 한자로 바깥이라는 뜻의 '외(外)'와 사귄다는 뜻의 '교(交)'가 합쳐진 말입니다. 지금의 외교는 한자의 '나라 밖 다른 나라와 사귄다'는 뜻에서 조금 더 나아간 것이라고 생각하면 됩니다. 대학교에서 배우는 외교 교과서에는 이렇게 나와 있습니다. 외교란, '주권 국가 간의 일을 교섭이나 협상을 통해 처리하는 활동'이라고요. 주권은 스스로 국내외 활동을 할 수 있는 권리라는 뜻입니다. 결국 외교는 자주적으로 국내외 문제를 처리할 능력이 있는 나라 사이에 소통하는 일이라고 볼 수 있습니다.

옛날이나 지금이나 외교의 기본적인 의미는 친구 나라를 사귀는 것입니다.

이 세상에 혼자 살아갈 수 있는 사람은 아무도 없습니다. 그래서 누구나 친구를 사귀고 싶어 하고, 또 친구가 되어 주려고 하지요. 국가도 마찬가지로 친구를 필요로 합니다.   외국과 교류를 하지 않는 것을 쇄국정책이라고 하는데, 역사적으로 이런 정책을 편 나라는 모두 발전하지 못하고 오히려 세계정세에 뒤처지곤 했습니다. 안타깝게도 19세기 말 조선 시대의 우리나라도 그랬었지요.

  아무도 없는 곳에서 갑자기 누군가를 마주치게 된다면 놀랄 겁니다. 그러나 그 사람이 아는 친구일 경우에는 오히려 반갑겠지요. 서로 도움을 주고받을 수 있다는 믿음이 있기 때문입니다. 다른 나라를 알고 싶어 하는 마음에서 시작해 그 나라와 신뢰할 수 있는 관계가 되도록 하는 일이 바로 외교입니다.

정부의 모든 업무가 어느 하나 사소한 것이 없겠지만, 특히 외교 업무는 우리나라가 필요할 때 다른 나라의 협조를 얻어 낼 수 있는 매우 중요한 일입니다.

외교는 언제부터 시작되었나요?

외교는 언제부터 시작되었을까요? 아주 오래전 외교 활동에는 어떤 것이 있었을까요?

세상이 생겨나던 시기의 이야기를 다루고 있는 성경의 창세기에는 아브라함이 살던 시대, 그러니까 기원전 1800년경에 중동에 있던 수십 개의 도시국가 사이에 전쟁과 나라 간 협상이 있었다고 기록되어 있습니다. 그러니 사실상 외교의 역사는 거의 인류의 역사와 동일하게 시작되었다고 볼 수 있지요.

기원전 492년 페르시아가 그리스를 침략했을 때는, 솔론을 비롯한 유명한 인물들이 사람들의 마음을 감동시키는 웅변으로 아테네와 스타르타 등 그리스 도시국가 간의 연합을 이끌어 냈습니다. 이윽고 페르시아가 침공해 오자 레오니다스왕이 이끄는 스파르타군은 병사 수의 열세에도 개의치 않고 용감하게 싸웠지요. 페르시아군의 장군이 하늘의 태양을 가릴 정도로 많은 화살을 쏠 테니 그 전에 항복하라고 하자, 스파르타군은 그 화살의 그늘 속에서 싸우겠다고 용감하게 대답했습니다. 이 전투에서 스타르타군은 전멸하고 말았지만, 덕분에 그리스 연합군은 페르시아를 물리칠 수 있었습니다. 이처럼 연합을 이끌어 내기 위한 웅변이나 전쟁에 앞서 기선 제압을 하는 일도 넓게 보면 외교의 활동에 속하는 것입니다.

 기원전 그리스 시대와 거의 같은 시기에 동양에서는 중국이 춘추전국시대에 접어들어 많은 나라들 사이에 전쟁과 평화가 반복되었습니다. 이 시대에 제자백가라는 이름의 사상들이 등장했는데, 그 가운데에는 우리가 잘 아는 공자도 있습니다. 정치와 외교에 관한 자신의 뜻을 알아주는 왕을 찾아 여러 나라를 옮겨 다녔으니 이들을 일종의 국제적인 협상가라고도 부를 수 있겠습니다.

우리나라에서는 삼국시대에 신라의 김춘추가 고구려로 가서 평화를 교섭했으나 실패하고 결국 두 나라의 사이의 전쟁으로 이어진 일을 대표적인 외교 사례라 볼 수 있습니다. 만약 이때 신라와 고구려가 서로 협력하기로 했다면 우리나라 역사는 지금과는 무척 다른 것이 되었을 것입니다. 서로 싸우기보다는 함께 잘 사는 방법을 찾는 것이 지혜로운 민족이지요.

이처럼 역사를 통해서도 알 수 있듯이 외교는 나라의 운명을 결정짓는 중요한 사안이었습니다.

싸우기 전에 이겨라!

　외교는 전쟁과 밀접한 관련이 있습니다. 특히 고대 전쟁에서 외교관은 없어서는 안 될 존재였지요. 이때 외교관의 임무는 전쟁터에서 죽은 사람들의 시신을 매장하기 위해 휴전을 맺거나, 사로잡은 포로를 교환하기 위해 교섭하는 것이었다고 합니다. 현대에 와서도 외교관은 전쟁이 벌어졌을 때 그 전쟁을 조속히 끝내도록 교섭하는 일을 합니다. 때로는 전쟁 중에 적국에 들어가야 할 때도 있지요.

　한편으로 외교를 일컬어 전쟁을 피할 수 있는 유일한 수단이라고도 합니다. 외교관은 전쟁이 일어나지 않도록 다른 나라와 평화를 유지하고 함께 발전하기 위해 노력하지요. 전쟁은 많은 사람들의 생명을 빼앗아 가는 인류의 가장 비참한 비극으로, 전쟁에서 이기는 것보다는 아예 전쟁이 일어나지 않는 편이 좋습니다.

1914년에 발발한 제1차 세계대전은 4년 3개월간 32개 나라가 참전한 최초의 세계적 규모의 전쟁이었습니다. 이 전쟁의 결과 2,000만 명의 인명이 희생되었습니다. 이 전쟁의 발단은 1914년 6월 28일 오스트리아의 페르디난트 황태자 부부가 당시 식민지였던 사라예보에서 민족 독립을 부르짖는 세르비아 청년에게 암살당한 사건입니다. 당시 오스트리아의 동맹국이었던 독일의 빌헬름 황제는 전쟁이 임박했음을 알고도 유유히 범선을 타고 북해로 여행을 떠났습니다. 만약 이때 여행을 가는 대신 외교사절을 파견해 평화를 교섭했다면 여러 나라가 전쟁의 참화에 휩쓸리지도 않고 독일은 패전하지도 않았을 것입니다.

　히틀러 통치하의 나치스 독일이 일으킨 제2차 세계대전은 1939년 9월 1일부터 1945년 8월 15일까지 무려 5년 11개월간 계속되었습니다. 전쟁이 발발하

자 히틀러는 심복 부하였던 루돌프 헤스를 전쟁 상대국인 영국에 일방적으로 파견했습니다. 그러나 영국은 교섭을 거부했고 결국 헤스는 전쟁이 끝나고서도 전범으로 영국의 감옥에 남아 생을 마감하고 말았습니다. 이처럼 아무런 합의 없이 사절을 적국에 파견하는 것은 자살 행위와 다름없는 일입니다.

역사를 보면 국가와 민족이 소멸하는 것은 대부분 전쟁에 패했기 때문입니다. 전쟁이 민족의 흥망을 좌우한다고 해도 지나친 말이 아닙니다.

뻔히 질 싸움에 일부러 나서는 나라는 없겠지요. 그래서 대부분은 싸우기 전에 상대국과의 전력을 비교합니다. 상대국의 전력이 자국보다 약하다는 것을 분명하게 파악해 놓으면 자신이 생깁니다. 또한 동맹국을 많이 만들어 충분한 연합 전력을 확보해 놓고 싸우면 이길 확률이 훨씬 더 높아지지요. 이와 반대로 적국의 전력이 강하고 우방국도 많은데, 그런 사실을 전혀 모른다면 전쟁은 점점 불리한 방향으로 흘러 갈 수밖에 없을 것입니다. 그만큼 다른 나라의 정세를 확실하게 알고 강점과 약점을 파악하는 일은 중요합니다. 경제와 과학 등의 분야에서 나라 사이의 경쟁이 날로 치열해지는 요즘은 더욱 그렇지요. 외교에서의 첫 번째 전략은 '상대를 잘 아는 일'입니다.

신뢰는 외교의 기본

　외교 활동은 거의 대부분 협상 과정을 통해 이루어집니다. '흥정은 붙이고 싸움은 말려라.'라는 속담이야말로 외교의 본질인 협상을 가장 재미있게 표현한 말인 것 같습니다. 서로 대립하고 있는 나라 사이의 갈등을 해결하고 협력 관계를 회복시키는 일이 바로 협상이지요.
　협상은, 서로 다른 이해관계를 가진 둘 이상의 사람이나 집단이 대립하고 있을 때 모두를 만족시킬 수 있는 방법을 찾는 과정을 말합니다. 하나의 이익을 놓고 서로 다투게 되었을 때 양쪽이 힘으로만 밀어붙이는 것은 해결 방안이 될 수 없습니다. 내가 하나를 가지면 다른 하나는 양보하는 식으로 양쪽 모두 어느 정도 만족할 만큼의 이익을 가질 수 있어야만 성공적인 협상입니다.
　성공적인 협상을 위해서는 무엇보다도 서로 간의 신뢰가 중요합니다. 그래서 협상을 할 때는 당사자들이 진실한 속마음을 상대방에게 공개하는 일이 필

요하지요. 그런데 문제는 자신의 이해가 알려질 경우 상대가 이를 이용할까 염려하여 공개를 꺼리게 된다는 점에 있습니다. 따라서 협상에서 문제를 해결하기 위한 첫 단계는 서로를 믿을 수 있도록 일정한 장치를 만들어 내는 것입니다. 옛날에는 협상을 할 때 무기를 지니지 않고 만난다든가 서로 인질을 교환하거나 보증금을 맡기기도 했습니다. 상대방을 대결하는 적이 아니라 함께 문제를 풀어 나가는 협력자로서 대하기 위해 굳이 이런 장치들을 마련한 것이지요.

　이밖에도 협상을 어렵게 만드는 요인들이 많습니다. 자신의 이익만을 생각하는 이기심과 양보하지 않으려는 고집이 대표적입니다. 상대편의 능력을 무시하거나 의심하고, 자신이 발견한 단편적인 정보를 완벽하다고 믿는 일도 협

상을 어렵게 합니다. 또 무조건 자기 나라만이 우월하다는 배타적인 국수주의, 다른 나라 사람들도 우리와 같은 생각을 할 것이라는 환상, 예전에 알고 있던 사실에만 집착하는 고정관념, 자기도 모르게 나오는 무의식적인 실수 등도 협상의 방해 요인입니다.

 협상을 잘 하기 위해서는 모른다고 그냥 지나치지 말고 필요한 순간마다 질문하고 확인해야 합니다. 또한 오해가 생기지 않도록 적극적으로 의사 표시를 하고, 불필요한 감정 싸움이 일어나지 않도록 상대방을 배려하는 일이 필요합니다. 결국은 협상에 임하는 사람이 바른 인격을 가지고 상대방에게 좋은 인상을 주는 일이 협상의 성공을 좌우한다고도 볼 수 있습니다.

사이좋은 나라, 사이 나쁜 나라

　외교 용어에 '원교근공(遠交近攻)'이라는 말이 있습니다. 멀리 있는 나라와 친하게 지내고 가까운 나라를 멀리한다는 뜻입니다. 사실 이웃끼리 사이가 좋은 경우보다는 좋지 않은 경우가 더 많습니다. 국경을 맞대고 있으면 오히려 여러 가지 분쟁이 생길 가능성이 크기 때문입니다. 아일랜드는 영국으로부터 독립하기 위해 수많은 테러와 전쟁을 겪었습니다. 당연히 영국과 아일랜드의 사이가 좋을 수 없겠지요. 파키스탄 역시 인도와 종교적인 이유로 사이가 좋지 않아 전쟁도 여러 차례 겪었습니다. 터키는 오스만 제국이었던 15세기부터 20세기 초까지 약 500년간 아랍 지역을 식민지로 통치했던 종주국이었습니다. 그래서 인접한 시리아와 아르메니아, 그리스, 그리고 쿠르드 민족과는 특히 사이가 좋지 않습니다. 오스만 제국 시절에 엄격한 통치를 가했던 역사가 있기 때문입니다.

반면에 서로 떨어져 있는 나라끼리는 서로의 이해가 걸려 있는 일도 없고 공격을 해 올 가능성도 덜하니까 협력하기가 쉽습니다. 이런 점에서 원교근공은 먼 나라와 손을 잡고 가까운 나라를 공격한다는 뜻이기도 합니다.

우리가 외국인을 만날 때 흔히 저지르기 쉬운 실수 가운데 하나는 그 나라와 사이가 나쁜 나라의 칭찬을 하는 것입니다. 만일 우리가 해외에서 여행을 할 때 싫어하는 나라를 칭찬하는 말을 들으면 기분이 별로 좋지 않겠지요. 특히 미국과 같이 여러 이민자들로 이루어진 나라의 경우에는 국민을 대할 때 더욱 주의할 필요가 있습니다. 국적이 미국이라고 하지만 민족을 따지면 아일랜드계나 이탈리아계 또는 독일계, 아시아계 등 모두가 다릅니다. 자칫 조상의 나라를 나쁘게 말하면 큰 실례가 되겠지요.

이스라엘은 1948년 독립전쟁 이후에 1967년의 6일전쟁 그리고 1972년의 욤키프르전쟁(아랍 측에서는 '10월전쟁'으로 부름.) 등 세 차례 아랍 국가들과 대

규모 전쟁을 치렀습니다. 당연히 이란, 사우디아라비아 등 아랍 국가들과 원수처럼 지낸다는 사실은 대부분의 사람들이 잘 알고 있지요. 만일 어떤 사람이 이스라엘 사람에게 아랍 국가에 대해 좋게 말하면 이스라엘 사람으로부터 경계의 눈초리를 받게 될 겁니다. 또 아랍인에게 자신은 이스라엘을 매우 좋아한다고 한다면 그 사람과는 친구가 될 수 없을 것입니다.

이처럼 국제 관계에서도 사람과 마찬가지로 사이가 좋거나 나쁜 나라들이 있기 때문에 나라 사이의 관계를 잘 파악하는 일도 중요한 외교상의 노력에 해당한다고 할 수 있습니다.

적의 적은 나의 친구

　국제 관계에 있어서는 영원한 친구도 영원한 적도 없다고들 합니다. 국가 사이에는 친구 사이의 의리가 아니라 오직 국가의 이익만이 존재하기 때문입니다. 국가의 이익에 반하면 가깝게 지내던 나라에 등을 돌릴 수도 있다는 뜻입니다. 개인과 개인 사이가 아닌 나라와 나라 사이에는 감정이 들어갈 여지가 없습니다.

　인맥이 중요하다는 말을 들어 보았지요? 친구를 많이 만드는 것이 성공의 지름길이라는 말은 국제 관계에서도 마찬가지입니다. 외교는 친구 나라를 많이 만들 뿐 아니라, 이를 유지하기 위해 노력하는 일이기도 합니다.

　나토(NATO:북대서양 조약 기구)라던가 아세안(ASEAN:동남아시아 국가 연합)과 같은, 소위 블록(BLOC)이라고 말하는 기구들은 단체로 친구가 되는 일입니다. 같은 기구에 속하는 나라들은 공동의 이익을 위해 협력하게 됩니다. 블록이 강화되어 군사적인 협력 관계로까지 발전하게 되면 '군사동맹'이라고 부릅니다. 동맹은 제3국으로부터의 공격을 방어하기 위해서 협력 관계를 맺는 것입니다. 전쟁을 하기 전에는 다른 나라와 동맹이나 불가침조약을 맺는 것이 일반적입니다. 자기 편을 확보해 두는 것이지요. 불가침조약은 나라와 나라가 서로 침략하지 않겠다고 약속하는 것입니다. 다른 나라에서 근무 중인 외교관에게는 그 나라가 어느 나라와 동맹이나 블록을 맺고 있는지 조약을 살펴보는 것이 가장 중요한 일 가운데 하나가 됩니다.

역사적으로 유명한 블록으로는 제1차 세계대전 당시에 독일이 맺은 동맹 관계 즉 독일의 베를린, 터키의 비잔티움(지금의 이스탄불)과 이라크의 바그다드를 잇는 3B와 이집트의 카이로, 인도의 캘커타, 남아프리카공화국의 케이프타

운을 잇는 3C가 유명합니다.

그러나 역시 동맹이나 블록을 맺는다고 해도 이것이 영원히 계속되는 것은 아닙니다. 미국과 일본은 제1차 세계대전 당시에는 영국, 프랑스, 러시아와 함께 동맹을 이루었습니다. 상대진영은 독일과 오스트리아와 헝가리 그리고 터키 등이 중심이었지만, 이 전쟁이 끝나고 불과 20년 만에 다시 제2차 세계 대전이 발발했을 때는 서로 적이 되어 전쟁을 하게 됩니다. 동맹 관계가 적대 관계로 바뀐 것이지요. '국제사회에서는 영원한 친구도 영원한 적도 없다.' 이것은 역사가 말해 주는 국제 관계의 진리입니다.

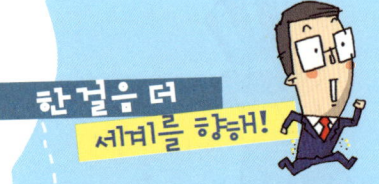

비자? 여권?

지금은 신용카드 회사 이름으로 널리 알려진 비자(VISA)는 원래 금융과는 거리가 먼 제도였습니다. 비자는 '본 적이 있는 물건', '조사한 적이 있는 물건'이라는 뜻의 라틴어에서 나온 말로, 초기에는 '문서상의 내용이 유효하므로 이에 서명한다.'는 의미로 쓰였습니다. 그러다가 점차 여권에 도장을 찍어서 소지인의 출입국을 허가하는 일을 뜻하게 되었지요. 여권에 도장이 찍혀 있으면 그 나라에서 출입국을 허가했다는 증명이 되는 셈입니다.

그렇다면 여권은 무엇일까요? 비자와 어떤 점에서 다를까요? 여권은 외국에서 발급하는 비자와 달리 우리나라의 정부(외교통상부)가 발급하는 것입니다. 이 사람의 국적이나 신분을 증명하고 출국을 허가한다는 서류이지요. 물론 외국인이 우리나라에 들어올 경우에도 우리나라 정부에서 발급하는 비자를 받아야 합니다. 이럴 때는 외교통상부가 아닌 법무부에서 비자를 발급합니다.

아주 먼 옛날에는 국내로 들어오는 외국인에게 비자를 요구하는 일도 없었고 자국민이 출국할 때에도 여권을 발급하지 않았습니다. 중세 시대 영국의 헨리 5세는 1414년에 칙령으로 안전통행증(Safe Conduct)라는 것을 내 주었습니다. 이것은 외국인에게 자기 나라를 안전하게 통과해도 좋다는 허가증이었습니다.

또한 우리나라 최초의 여행증명서라고 할 수 있는 대한제국 당시의 여권은 지금과 같은 작은 수첩이 아니라 큰 종이에 출국을 허가하는 글을 써서 주는 상장과 비슷한 모습이었지요.

지금과 같은 의미의 비자 제도는 특히 제1차 세계대전 중에 유럽에서 발전되었는데 주로 국가 방위를 위해 간첩의 침투를 방지하기 위한 목적을 가지고 있었습니다. 그러던 것이 전쟁이 끝난 뒤에도 국내의 보안이나 외국인의 불법 노동 문제 등을 방지하기 위해 사용되어 오고 있습니다.

미국에서는 1924년부터 이민법을 만들고 미국에 입국하는 외국인들에게 비자를 발급하기 시작하였습니다.

비자의 종류는 한 번 출입국이 가능한 단수비자와 여러 번 출입국이 가능한 복수비자가 있고, 체류기간도 짧게는 몇 주일에서 길게는 3개월이나 1년 등 여러 종류가 있습니다. 여권은 누구에게 발급되느냐에 따라 일반여권, 관용여권, 외교관여권으로 나뉘지만, 비자는 취업, 유학, 관광, 경유, 상용, 장기근무 등 더 다양한 종류가 있지요.

해외에서 여권을 잃어버렸을 때 대사관에서는 임시로 여행증명서를 발급해 국민들이 안전하게 귀국하도록 하고 있습니다.

또 비자를 받아 외국에 들어간 사람은 만료기간이 끝나기 전에 그 나라를 떠나야 합니다. 그렇지 않으면 불법체류자가 됩니다.

외교부를 소개합니다

　우리나라 외교통상부 청사는 서울특별시 종로구에 있습니다. 이곳은 세계 각지에 흩어져서 외교 업무를 수행하고 있는 외교관들을 총지휘하는 사령부로서 '본부'라고 불립니다. 흔히 외교관이라고 하면 해외에 나가서 하는 일만 떠올리기 쉬운데, 외교관의 업무는 국내에서 하는 일과 국외에서 하는 일로 나눌 수 있으며 국내에서 하는 일은 주로 이 본부에서 이루어집니다.

　2012년 현재 우리나라 외교통상부는 전 세계에 112개의 대사관과 42개의 총영사관 또는 영사관 그리고 4개의 대표부를 두고 있습니다. 지역별로 보면 아시아에 44개가 있고 미주에 35개 그리고 유럽에 44개와 중동에 20개 그리고 아프리카에 13개가 있습니다. 이들 모두가 우리나라의 이익을 위해서 외국에 설치한 대표적인 정부 기관입니다. 보통 '재외공관'이라고 부르는데, 각각의 성격이 조금씩 다릅니다.

먼저 대사관과 총영사관은 설치 목적이 다릅니다. 두 나라 사이에 맺은 외교 관계를 국교라고 하는데, 국교가 맺어져 있을 때는 대사관을 설치하고 그렇지 않을 때는 총영사관이나 대표부를 설치하기 때문입니다. 대사관에서는 주로 정치적인 교섭을 합니다. 그리고 총영사관에서는 통상 문제를 해결하거나 우리 교민을 보호하는 일을 하지요. 정치적인 교섭이 필요할 때는 총영사관에서 대사관으로 업무를 넘깁니다.

보통은 한 나라에 대사관과 총영사관이 같이 있는 경우가 대부분이지만, 어

떤 경우에는 대사관 없이 총영사관만 설치하기도 합니다. 아직 정치적으로 가까운 사이는 아니지만 경제적으로는 밀접하기 때문에 많은 사람이 왕래하고 무역량도 많은 경우가 바로 그렇습니다.

대표부는 두 나라가 합의에 의해서 대사관도 총영사관도 아닌 제3의 명칭으로 하기를 원했을 때 붙이는 이름입니다. 또는 외교 관계를 맺기 전에 대표부를 설치하기도 합니다.

카타르는 이스라엘과 아직 사이가 가깝지 않은 아랍 국가입니다. 카타르와 이스라엘은 서로 대사관을 설치하지 않고 대표부라는 이름의 기관을 두어 경제 문제를 협의합니다. 이런 식으로 서로 상대국에 대표부나 총영사관을 개설한 뒤에 점차 관계가 가까워져서 국교를 수립하게 되면 대사관으로 이름을 바꾸고 정치적인 업무도 다루게 되지요.

대표부는 또한 국제기구에서 외교 활동을 하는 곳을 뜻하는 말입니다. 유엔이 있는 미국 뉴욕에 세계 각국이 설치해 놓은 대표부가 대표적인 예입니다. 대사관의 공관장(책임자)은 대사이고 총영사관의 공관장은 총영사지만, 대표부에서의 공관장은 대표부장이 아니라 대사가 됩니다.

대사관이나 총영사관의 하는 일에 대해서는 세계 각국이 조약을 만들어 약속으로 정해 두고 있습니다. 대사관의 기능을 설명하고 있는 비엔나협약은 1961년 세계 주요국들이 오스트리아의 수도 비엔나에 모여 외교 관계에 관한 규약을 정한 것입니다. 비엔나협약의 내용 가운데 외교관의 기능과 특권에 관한 것도 있는데, 면책특권과 치외법권이 특히 중요합니다. 쉽게 풀어 말하자면, 외국의 대사관과 외교관에게는 그 나라의 법률이 적용되지 않는다는 뜻입니다.

일부러 그 나라의 법을 위반하거나 죄를 저지를 외교관은 없겠지만, 만일 죄를 지었더라도 그 외교관을 체포하지 못한다는 것을 면책특권이라고 부릅니다. 그러나 예외적으로 외교관이 살인을 저질렀다던가 물건을 훔치고 사람을 때려서 범죄 현장에서 잡힌 현행범인 경우에는 즉시 체포당하게 됩니다.

또한 대사관과 총영사관은 그 나라 땅이 아닌 외국 영토로 간주되어서 그 나라의 경찰이나 공권력이 진입하지 못한다고 정한 것을 치외법권이라고 합니다. 만일 외국 공관에 그 나라의 경찰이 강제로 들어가 사람들을 잡아가거나 하면 두 나라 사이에 중대한 외교 마찰이 일어나게 될 겁니다. 1991년 소련이 붕괴되기 전 자유세계와 공산권 간의 냉전이 한창이던 당시에는 양 진영 사이

에 스파이전이 활발히 벌어졌습니다. 이때 자유세계에 속하는 어떤 나라에 주재하던 공산권 나라의 한 대사관은, 대사관 건물이 화재로 불타는 것을 눈으로 보면서도 소방관들이 진입하는 것을 허가하지 않기도 했습니다. 그만큼 상대 나라에 대해서 신뢰하지 못했던 것이지요. 어쨌거나 치외법권에 따르자면 아무리 화재 진압을 위해서라도 대사관 안에 억지로 들어갈 수는 없습니다.

대사로 임명해 주세요

일반적으로 한 나라가 대사를 임명하는 절차는 다음과 같습니다. 우선 가장 적합한 인물을 선정한 다음, 대사를 받아들이는 나라에 아그레망(agrément, '동의'라는 뜻의 프랑스어)을 신청합니다. 아그레망 즉 상대국의 동의가 없으면 대사로 임명할 수가 없습니다.

아그레망을 받으면 신임장을 받게 되는데, 신임장은 대사로 임명한다는 증명서로 신임 대사는 이것을 가지고 부임하는 나라로 가서 그 나라 대통령이나 국왕을 처음으로 예방할 때 제정합니다. 그리고 그 나라의 외교부 장관에게는 신임장의 사본을 제출하지요. 신임장에는 파견되는 대사가 높은 인격과 탁월한 능력을 갖추고 있으며, 두 나라 사이의 우의와 공동 이익을 더욱 증진시키기 위하여 언제나 최선을 다할 것이라는 말이 적혀 있습니다. 또 대사가 그 나라를 대표하는 것을 전적으로 믿어 주기 바란다는 말도 들어 있지요. 신임장에 파견되는 대사의 인격과 능력에 대해서 말하고 있는 까닭은 나라를 대표하는 사람으로서 꼭 갖추어야 할 자질이기 때문입니다.

한편 총영사에게는 신임장이 아니라 위임장 또는 임명장을 발급합니다. 그리고 총영사를 맞아들이는 나라에서는 총영사에게 인가장을 부여합니다. 이미 그 나라에 파견된 대사에게 신임장이 나갔으므로, 같은 나라에 파견되는 총영사에게 신임장을 다시 발급하지 않는 것입니다.

그런가 하면 외교 용어로 '기피 인물'이라는 것이 있습니다. 보통은 알파벳 약자로 PNG(Persona Non Grata)라고 불리는 이 단어는 그 나라에서 받아들이기 싫어하는 인물을 말합니다. 매우 드문 일이기는 하지만, 과거에 그 나라에 해로운 일을 했었다던가 비우호적인 활동을 했던 인물이 이에 해당합니다. 어떤 경우에는 자기 나라에 들어와 근무하고 있는 외교관 중에 특정 인물을 PNG로 지적해 즉시 출국하도록 하기도 합니다. 스파이 혐의를 받아 출국당하는 경우도 있는데, 이런 경우에는 비행기 예약 정도에나 필요한 짧은 시간 즉 3일 정도만을 출국 기한으로 정해서, 자동차나 가재도구마저도 제대로 정리하지 못하고 그 나라를 떠나기도 합니다. 외교관은 대부분 가족을 동반해 근무하기 때문에 갑자기 3일의 기한을 주고, 아이들을 포함해 모두 그 나라를 떠나라고 명령하는 것은 현실적으로도 대처하기에 상당히 어려운 일이며, 그런 일을 당하는 외교관은 물론 국가로서도 매우 모욕적인 일입니다. 나라를 대표하는 외교관을 대하는 태도는 곧 그 나라에 대한 태도나 마찬가지이기 때문입니다.

어디에 위치했느냐, 그것이 문제

　지정학(Geopolitics)이라는 학문이 있습니다. 지리학(Geography)과 정치학(Politics)이 합쳐진 말입니다. 어떤 나라가 위치한 지리적 특성 때문에 생기는 국제적 문제들을 연구하는 학문이지요. 좀 어렵나요? 하나의 학문으로서 연구를 할 만큼 그 나라가 어디에 위치해 있느냐, 그리고 그 나라가 어떤 자연환경을 갖고 있느냐가 국제 관계에 영향을 많이 미친다는 뜻으로 받아들이면 됩니다. 사람으로 치자면, 어느 나라에 태어났느냐 또는 어떤 환경에서 자랐느냐 하는 것이 그 사람의 삶에 어떤 영향을 미쳤는지를 살피는 일과 비슷합니다.

　국제 관계를 바탕으로 행해지는 외교에서 지정학은 중요하게 다루어집니다. 지정학의 가장 기본적인 연구 방법은 대륙에 있는 나라와 반도 국가 그리고 섬나라로 나누어 각각의 특징을 살펴보는 것입니다. 반도는 우리나라처럼 삼면이 바다로 둘러싸인 곳을 말합니다. 대륙의 한가운데에 있어 바다를 접하고 있지 않은 나라와 바다 한가운데에 있는 섬나라 그리고 대륙과 바다를 모두 접하고 있는 반도 국가는 서로 다른 특징이 있습니다. 그리고 그런 지리적인 특징이 그곳에 사는 사람들의 성격을 형성하기도 하고, 다른 나라와의 관계에도 영향을 줍니다.

대륙에 위치한 나라의 경우에는 사방의 나라들로부터 새로운 문물을 흡수할 수 있겠지요. 또한 주변에 분산되어 있는 나라들을 조금씩 회유하고 이용도 하면서 세력을 넓혀 나갈 수 있을 것입니다. 주변 나라들이 연합하거나 정보를 나눌 수 없도록 방해하면서 말입니다.

영국이나 일본과 같이 섬으로 된 나라의 경우는 무엇보다도 바다라는 장애물로 인해 외부와 격리되어 있다는 점이 특징입니다. 고립된 곳에서는 새로운 것에 대한 호기심과 경계심이 동시에 필요합니다. 외부에서 섬으로 들어온 사

람이나 세력에 대해 적인지 동지인지, 또 나보다 강한 존재인지 약한 존재인지를 빨리 파악해야 합니다. 강한 상대일 가능성에 대비해서 우선은 자세를 낮추고 상대방에게 예의를 갖추는 것이 좋겠지요. 싸움이 일어나면 도망칠 곳이 없기 때문에 죽기 살기로 싸우거나, 불리하면 재빨리 항복하고 복종하는 방법을 택하기도 합니다. 어느 때건 빠르게 정보를 파악할 수 있는 능력과 눈치가 필요할 것입니다.

우리나라처럼 반도에 위치한 나라는 어떨까요? 한쪽이 대륙과 접해 있어서 대륙으로 진출할 수도 있고, 삼 면이 바다에 접해 있으니 해상 교역에도 유리합니다. 한마디로 다양한 가능성과 잠재력을 가졌다고 할 수 있겠습니다.

일제강점기에서 벗어난 지 얼마 되지 않았던 때에 어느 외국인이 동아시아의 지도를 보면서 이런 의문을 가졌다고 합니다. 중국과 일본 그리고 러시아라는 강대국 사이에 끼인 외로운 반도 국가로서 대한민국은 오래 전에 없어졌을 가능성이 큰 나라인데, 어떻게 수천 년간 독립을 유지하고 고유의 문화와 전통을 보유하며 훌륭하게 살아 왔냐는 것이었지요.

우리나라처럼 주변이 강대국으로 둘러싸인 나라는 그 틈바구니에서 어려움을 겪는 경우가 많습니다. 반대로 주변 나라들의 힘이 모두 약하거나 비슷한 경우에는 오히려 주변국들에 영향력을 행사할 수 있을 것입니다.

이처럼 한 나라가 어디에 위치해 있느냐는 그 나라가 어떻게 나아갈지 그 방향을 다르게 만들기도 합니다.

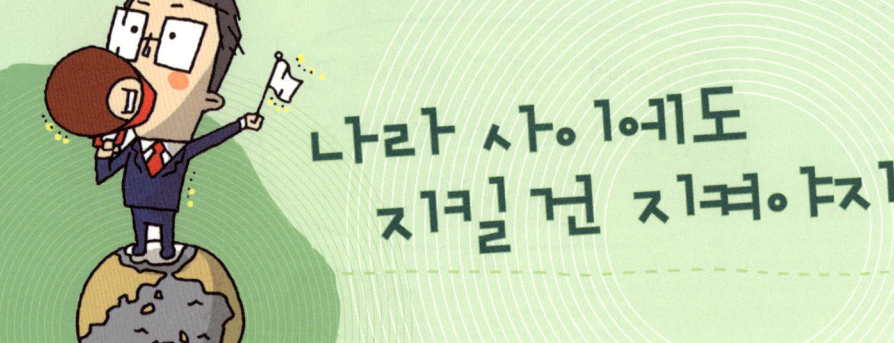

나라 사이에도 지킬 건 지켜야지

　국제 사회에서도 지켜야 할 법이 있습니다. 이를 국제법이라고 합니다. 국제법을 처음 만든 사람은 네덜란드 사람 그로티우스입니다. 그로티우스는 국제법의 기초를 만들면서 이 법의 목적은 '세계 평화'라고 말했습니다. 세계에서 분쟁과 전쟁이 사라지기를 바라는 마음으로 이런 법을 만들었다는 것이지요.

　국제법은 나라와 나라 사이의 관계를 규율로 정한 것입니다. 또한 여러 나라가 함께 해결해야 할 문제에 대한 대처 방안을 담고 있기도 합니다. 그래서 국제법의 내용을 들여다보면 국제 사회가 직면한 문제가 무엇인지 알 수 있습니다.

　'핵 확산 금지 조약'은 핵무기 제조와 확산을 규제하기 위한 것으로, 국제 사회가 모두 지키기로 약속한 국제법 가운데 하나입니다. 현재 세계에는 지구 전체를 몇십 번이나 파괴할 수 있을 만큼 강력한 핵무기들을 보유한 나라가 여럿 있습니다. 이것을 통제하지 않으면 지구촌은 매우 위험해질 것입니다. 이 조약은 핵무기가 점점 더 많이 만들어져서 지구의 평화를 위협하는 일을 막기 위해 만들어졌습니다. 2012년 2월에 우리나라에서 개최한 '핵 테러 방지를 위한 정상회의' 역시 핵무기 문제를 의논하기 위한 국제 회의였습니다.

이밖에 지구 온난화를 줄이기 위해서 만든 환경 관련 협약들도 중요한 국제법입니다. 또한 국가의 영해와 대륙붕의 길이를 정하고 그 안에서의 과학 조사나 유전 탐사 활동을 규정하는 해양법도 중요한 국제법 가운데 하나이지요.

국제법과 마찬가지로 나라와 나라가 모인 국제 사회에서도 국내에서처럼

정치가 이루어지는데, 흔히 국제 정치라고 표현합니다. 자국의 이익을 위해 다른 나라와 관계를 맺는 외교를, 좀 더 넓은 의미에서 보면 국제 정치라고도 부를 수 있습니다. 우리나라도 당연히 국제 정치에 참여하여 각종 국제 무대에서 활발한 외교 활동을 펼치고 있지요.

유엔에서 전 세계 주권국가들이 모두 모여서 세계의 주요 문제를 의논하는 일은 가장 중요한 국제 정치 활동입니다. 여러 나라가 한데 모여 이루어지는 외교라 하여 '다자외교'라고 불리지요. 유엔에서 중요한 국제 문제를 토의할 때는 세계 공동의 발전을 꾀함과 동시에 서로가 자기 나라의 국익을 위해 교섭을 하고, 국가 간에 합의가 안 될 경우에는 투표에 들어가기도 합니다. 미국이나 유럽연합(EU) 그리고 중국과 러시아와 같은 영향력이 큰 나라들은 자기 나라의 이익을 위해서 거부권을 행사할 때도 있습니다. 거부권이 행사되면 그 회의에서 논의한 사안은 결의되지 않습니다.

이밖에 주요 국가의 대통령이나 국가원수들이 만나서 두 나라 사이의 중요한 일들과 국제적인 문제들을 협의하는 일도 국제 정치에 속하는데, 이것은 '양자외교'라고 불립니다.

전쟁을 멈추게 하는 조약

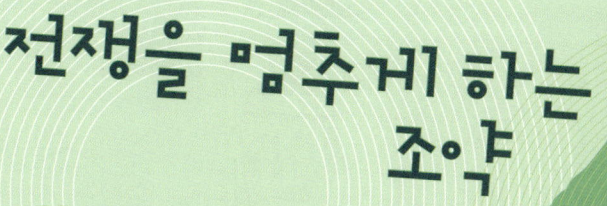

    조약은 나라와 나라 사이의 약속을 문서로 작성한 것입니다. 두 나라 사이의 친선을 약속하는 우호조약이나 무역을 확대하자는 통상조약, 한 나라가 침략을 당하면 다른 나라가 도와준다는 상호방위조약 등 조약의 종류는 매우 많고 다양합니다. 유명한 조약 가운데에는 500년 조선왕조를 사라지게 한 을사조약도 있지요. 그러나 을사조약은 일본이 조선의 왕비를 암살하고 조선 왕실을 총칼로 위협해 체결한 것으로 국제법적으로 효력을 인정받지 못하는 조약입니다.

    일반적으로 최초의 조약은 베스트팔렌조약을 말합니다. 이것은 1648년에 보헤미아, 덴마크, 스웨덴, 프랑스, 독일 등 유럽 국가들이 모여서 30년전쟁의 결과로 붕괴된 국경선 등의 문제에 관해 협의한 것입니다. 이 조약이 성립되면서 구교(카톨릭)와 신교(프로테스탄트) 세력 사이의 긴 전쟁은 마침내 종지부를 찍게 되었지요.

우리나라 최초의 조약은 1876년 일본과 체결한 강화도조약입니다. 이것은 1875년에 일본 군함인 운요호가 강화도 앞 바다에 나타나 조선 군대와 싸웠던 사건의 결과를 처리하기 위해 맺은 조약입니다.

한편 1997년 7월 1일 영국 정부가 홍콩을 중국에 반환하는 기념식이 전 세계에 중계 방송되었습니다. 아편전쟁을 끝내기 위해 1842년 체결된 남경 조약에 의해서 당시 청나라는 영국에게 99년간 홍콩을 조차지로 내 주었습니다. 아편전쟁은 청나라의 임칙서라는 관리가 영국이 수출한 아편을 몰수해 불태운 사건 때문에 일어난 전쟁입니다. 그때 청나라에서는 아편 중독자가 너무 많아서 큰 사회 문제였지요. 당연히 아편을 수출하는 영국과 사이가 나빠질 수밖에 없었을 것입니다. 당시 청나라의 국력과 군사력은 영국의 상대가 되지 않았습니다. 그래도 청나라는 대국이라는 자존심을 굽힐 수 없어 전쟁을 벌였습니다. 두 차례에 걸친 아편전쟁의 결과로 청나라는 영국에 어마어마한 전쟁 배상금을 물어야만 했습니다.

1919년에 체결된 베르

사이유조약은 제1차 세계대전을 마무리 짓는 조약으로, 전쟁을 일으킨 독일에게 배상금으로 천문학적인 금액을 요구하고, 모든 해외 식민지 또한 포기하게 하는 것이었습니다. 결국 이에 크게 반발한 독일 국민을 선동해 나치당을 만든 히틀러는 제2차 세계대전을 일으키기도 했습니다.

우리나라의 휴전선은 한국전쟁 중 1953년 7월 휴전협정이 체결되면서 생긴 것입니다. 그런데 불행히도 이 휴전협정에는 북한과 중국 그리고 미국만이 참석해 서명하고, 정작 가장 큰 피해를 입은 전쟁 당사자인 우리나라는 서명하지 못했습니다. 언젠가 한반도에 평화협정이 맺어지게 되면 그때는 우리나라도 당연히 서명국으로 참가하게 되겠지요.

조약, 협약, 협정 명칭은 다르지만 국가와 국가 간의 약속이라는 점에서 모두 조약에 해당합니다. 예전에는 다른 나라에 알리지 않고 관련된 두 국가 사이에 비밀리에 맺는 비밀조약도 많았지만 현재는 이와 같은 비밀조약을 맺지 않고 있습니다. 투명하고 정직한 대외 관계가 국제 사회에 유익하다는 것을 세계 모든 나라가 인정하고 있기 때문입니다.

우리나라 하늘은 우리 것일까?

나라들 사이에 맺은 약속 가운데에는 재미있는 것도 있습니다. 항공협정이라는 말을 들어 보았나요?

한 나라가 가지고 있는 국가의 주권에는 세 가지가 있습니다.

첫째, 영토에 대해 갖는 영토주권은 자기 나라의 땅에 있는 사람이나 물건에 대해 갖는 주권입니다.

둘째, 영해주권은 국토 주변 12해리의 바다에 대해 갖는 주권을 말합니다. 1해리는 1,852킬로미터이니 12해리는 약 22킬로미터가 됩니다. 12해리의 영해는 그 나라의 주권이 행사되는 지역입니다. 때문에 영해에서 벌어지는 사건에 대해서는 그 나라가 재판을 할 수 있습니다. 물론 영해에도 다른 나라의 배가 순조롭게 지나갈 수는 있습니다. 그러나 군함의 경우에는 허가를 받아야 하며, 잠수함은 물 밑으로는 갈 수 없고 물 위로 부상해서 항해를 해야만 합니다.

셋째는 하늘에 대한 주권, 즉 영공주권입니다 그런데 우리가 어렸을 때 흔히 해 보던 질문이지만 과연 하늘에는 끝이 있을까요? 그리고 만일 끝없는 하늘이라면 하늘에 대해 그 나라가 갖는 주권에도 끝이 없을까요? 끝없이 이어지는 우주에까지 주권을 인정하게 된다면 큰일이 날 겁니다. 무엇보다도 먼저 각 나라의 영공을 계산하고 측량하기가 말할 수 없이 복잡하고 힘들 테니 말입니다. 그래서 보통의 경우에는 항공기가 날 수 있는 정도의 대기권까지를 주권이 미치는 곳 즉 영공으로 봅니다. 90킬로미터 정도의 대기권을 벗어나면 그 나라의 주권이 미치지 않는 것이지요.

1944년 체결된 시카고 국제민간항공협약 제1조에서는 하늘이란 항공기가 비행할 수 있는 대기권이라고 규정하고 있습니다. 그렇다면 인공위성은 어떨까요? 대기권 밖에 있기 때문에 다른 나라의 허락을 받을 필요 없이 마음대로 지구를 돌고 있지요.

영공주권은 영토주권과 마찬가지로 매우 중요합니다. 만일 우리나라의 비행기가 다른 나라의 하늘 위를 날아가지 못하게 된다면 어떻게 될까요? 그 나라의 하늘을 피해 날아가자면 자연히 연료도 더 들고 정상적인 운항이 어렵겠지요. 그리고 무엇보다도 전쟁이 났을 때라던가 위급한 상황에 그 나라의 하늘을

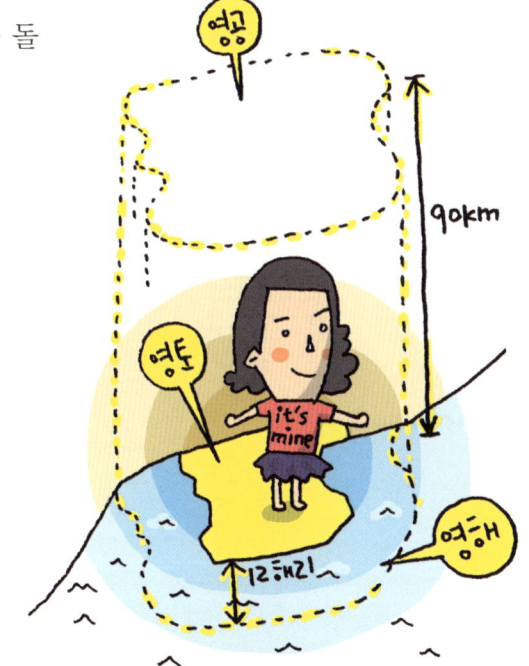

지나지 못한다면 큰일입니다. 만약 A나라와 B나라가 싸울 때 중간에 있는 C나라가 어느 한 나라에만 전투기가 통과할 수 있도록 하늘을 개방한다면 전쟁의 승패는 거의 결정 났다고 봐야겠지요.

이렇게 영공주권은 하늘의 길을 가로막을 수도 있고 열어 줄 수도 있는 그 나라 고유의 권리입니다. 그렇기 때문에 세계 각국은 자기 나라의 비행기를 다른 나라의 하늘로 통과시키기 위해 가능한 한 많은 나라와 항공협정을 맺고 있습니다.

우리 땅을 탐내지 말아 줘

국토나 국경선과 관련된 문제는 국제 사회에서도 중요한 이슈가 됩니다. 일반적인 생각과 달리 국토의 면적은 고정된 것이 아니어서, 역사상 국경선이 바뀐 예는 무수히 많습니다. 우리나라도 옛날 고구려와 발해 당시의 국경선에서 통일신라와 고려 및 조선시대를 거치면서 많은 변화가 있었습니다. 1991년에는 소비에트연방, 즉 소련이 해체되면서 새로운 국가들이 많이 탄생했고, 자연히 해당 지역의 국경선도 복잡해졌지요.

국토의 면적이 바뀌지 않았던 나라는 하나도 없습니다. 옛날에는 전쟁 또는 판매 계약이나 조약을 통해 국경선을 변경했습니다. 보호조약이나 합병조약이란 이름으로 힘이 약한 다른 나라를 함부로 식민지로 삼기도 했지요. 지금은 프랑스의 땅인 코르시카 섬도 처음에는 이탈리아의 영토였지만, 이탈리아가 프랑스에게 넘겨 주면서 프랑스 영토가 되었지요. 1769년에 나폴레옹이 이곳에서 태어났으니 만약 코르시카 섬이 프랑스 영토가 안 되었다면 프랑스의 영웅인 나폴레옹도 나타날 수 없었을 것입니다.

예전에는 무주지 즉 어느 나라에도 속하지 않은 땅들이 많이 있었습니다. 일본의 토쿠가와 이에야스가 동경 지방에 이어 북해도를 정복한 것이 불과 몇 백 년 전이니, 그다지 멀지 않은 과거의 일입니다. 러시아가 지금의 시베리아를 영토로 삼은 것도 16세기의 일입니다. 당시 시베리아의 러시아 인구는 약 1,500명 정도뿐이었습니다. 1581년에 동쪽으로 진출하기 시작한 러시아는 1640년에는 알래스카까지 도착해 영토로 삼았습니다. 그런데 러시아는 1867년에 불과 720만 달러를 받고 알래스카를 미국에 팔았습니다. 당시에는 얼어붙은 땅일 뿐이라고, 별 관심을 안 갖고 싼 값에 팔아넘긴 것이지요. 하지만 지

금은 알래스카가 전략적으로 중요할 뿐 아니라 석유 등 지하자원의 보고가 되면서 러시아로서는 매우 속상한 일이 되고 말았습니다.

학자들은 국토가 변경되는 데에 선점, 시효, 첨부 등의 원인이 있다고 봅니다.

선점은 아직 다른 나라의 영토가 되어 있지 않은 땅을 다른 나라보다 먼저 발견하고 차지하는 것을 말합니다. 하지만 아시아와 아프리카 국가들 가운데 많은 수는 선점의 이론을 반대합니다. 과거 제국주의 시대에 이것이 식민지 쟁탈의 명분으로 되었기 때문입니다. 아직 국가가 발전하지 못했다는 이유로 사람들이 평화롭게 살고 있는 땅을 강제로 점령하고 자기 나라 영토에 포함시키는 것은 틀림없이 옳지 않은 일입니다.

시효는 오랜 기간에 걸쳐 평온하게 다른 나라의 영토를 지배함으로써 그 땅을 차지하게 되는 것을 말합니다. 그 기간 동안에 다른 나라의 항의가 있으면 모르지만 아무런 항의가 없었다면 자연스럽게 그 나라의 영토가 되는 것입니다. 정찰위성이나 비행기에 의해서 국토 조사가 확실하게 이루어지고 있는 요즘에는 이런 식으로 자기 나라 땅을 외국에 빼앗기는 일은 없을 것입니다.

첨부는 영토를 취득하는 방법 중 가장 오래된 형태로 자연현상에 의한 것입니다. 예를 들면 강 하구에 흙이 쌓여 삼각주가 만들어지거나 화산의 분출에 의해서 새로운 섬이 나타나는 등 자연적인 현상으로 땅이 새로 생기는 것을 말합니다. 첨부는 국제 관계에 영향을 미치지 않는 평화로운 방법이라고 볼 수 있습니다.

또 한 가지 영토를 넓히는 중요한 방법에는 바다를 메우는 작업이 있습니다. 이를 간척 사업이라고 하지요. 네덜란드와 같은 나라가 대표적인데, 네덜란드는 무

려 국토 면적의 25퍼센트인 41,000평방킬로미터가 바다를 막아 만든 땅입니다.

우리나라도 서해안은 평균 수심이 40미터 정도밖에 되지 않아 간척 사업에 좋은 조건을 갖추고 있습니다. 서해의 전체 면적은 43만 7천 평방킬로미터로 한반도의 2배 가량 되는 큰 면적이니 앞으로도 간척 사업은 매우 유망한 국토 취득 방법이라 하겠습니다.

영토 획득과 관련해 한 가지 매우 중요한 사실이 있습니다. 바로 국제법에서는 전쟁으로 다른 나라의 영토를 점령한 것은 영토의 취득으로 인정되지 않는다는 것입니다. 어느 나라도 다른 나라의 땅을 욕심내어 전쟁을 하지 못하도록 선언하고 있는 것입니다.

우리나라도 일본과 독도를 사이에 두고 외교적 다툼을 벌이고 있지요. 일본은 1905년에 독도를 자기 나라의 영토에 편입시켰습니다. 그러나 독도는 오랫동안 우리나라에 속해 있었으며 실제로 정부가 다스리던 곳이므로, 일본에서 우리 영토를 침범한 것이나 마찬가지입니다. 우리 모두가 독도에 관한 역사적 사실을 잘 알고 있어야 하겠습니다.

남극은 어느 나라 땅?

북극에서 남극까지의 직선거리는 12,714킬로미터로 지구의 허리인 적도를 지나가는 직선거리인 12,756킬로미터보다 약 42킬로미터가 짧습니다.

남극은 북극과 똑같이 얼음에 덮여 있지만 북극은 바다가 얼어붙은 커다란 얼음덩어리인데 반해, 남극은 얼음 밑에 흙이 있는 대지 즉 대륙입니다. 그렇다면 이렇게 큰 땅인 남극 대륙이 어느 나라 영토일까 하는 궁금증이 생기게 됩니다.

그런데 국제법에 의하면 남극은 무주지, 즉 주인 없는 땅입니다. 남극에 관한 여러 가지 규정을 정한 남극조약은 1959년에 체결되었는데, 이 조약은 남극을 평화적 목적으로만 이용해야 하며, 어느 나라도 남극의 영유권을 주장하지 못한다고 규정하고 있습니다. 그러나 현실에서는 상황이 달라서 남극을 자기 나라의 영토라고 주장하는 나라들도 있습니다. 심지어 영국의 출판사에서 출

간된 책에 실린 세계지도에는 남극대륙을 여러 나라의 영토로 분할해 표시를 해 놓기도 했습니다. 물론 그중에 상당 부분은 영국 영토라고 표기해 놓고 있지요. 여러 나라들이 남극을 자기 영토로 주장하는 데에는 먼저 발견했다든지 지리적으로 인접해 있다든지 등등 각기 나름대로의 이유가 있지만, 이는 국제적으로 인정을 받은 사실이 아닙니다. 남극은 영국, 칠레, 아르헨티나 등의 영유권 주장에도 불구하고 아직 귀속이 결정되지 않고 남아 있는 지구상의 유일한 지역입니다.

남극조약의 내용 가운데에는 남극대륙의 평화적 이용 외에도 과학 조사의 자유와 핵실험 금지, 국제 협력에 대한 것이 있습니다. 이 조약은 남위 60도 이남의 남극 지역에 모두 해당됩니다.

남극대륙에 관한 영유권 주장은 부인된 것이 아니라 동결된 것이니 언젠가 다시 이를 주장하는 나라의 외교 활동이 활발해질 수도 있겠습니다.

외교를 일컬어 '총칼 없는 전쟁'이라고도 합니다. 전쟁을 하느냐 평화를 유지하느냐를 사전에 결정한다는 의미에서 본다면 외교 전략은 군대의 전략 못지않게 중요한 것입니다. 특히 강대국이 아닌 약소국이나 중간 정도의 국력을 가진 나라에 있어서 외교는 국가의 운명을 좌우할 만큼 중요한 사안입니다.

이렇게 중요한 사안을 두고 상대국과 경쟁하는 일이 많기 때문에 외교 업무 가운데에는 본질적으로 숨기고 감추어야 하는 것들도 생기게 됩니다. 우리가 하고 있는 일이나 원하는 목표를 상대방에게 드러내 놓고 일하다가는 경쟁국이 훼방을 놓는다든가 혼란이 생길 수도 있습니다. 그래서 외교에서는 얻고자 하는 것이 10이라고 해도 때로는 20이라고 말하기도 하고 때로는 전혀 관심이 없는 것처럼 행동하기도 합니다.

전 세계 대부분의 나라에서는 다른 나라가 읽을 수 없도록 국내의 외교부 본부와 재외공관 간의 문서를 거의 모두 비밀 암호로 바꾸어서 보내고 있습니다. 전쟁의 역사를 보면 비밀로 보낸 문서를 적국에서 해독한 탓에 전쟁에서 패하게 되는 경우가 종종 있었습니다. 반대로 거짓 암호를 이용해 전쟁에서 승리한 경우도 있지요. 태평양전쟁 당시 미군은 일본군이 풀기 쉽게 만든 거짓 암호를 내보내고 일본군을 유인한 다음 미드웨이해전에서 대승을 거두었지요. 일본군의 공격 목표가 어디인지를 알기 위해 우선 미드웨이에 물이 부족하다는 정보를 일본군이 풀기 쉽게 내보냈습니다. 그리고 나서 미드웨이라는 암호화된 문자가 갑자기 일본군의 통신망에 급격히 많이 나타나는 것을 보고는 미드웨이를 목표로 하고 있다는 것을 예측했지요. 미군의 예상대로 일본군은 미드웨이를 기습하다가 오히려 대기 중이던 미군 함대에게 결정적인 타격을 받게 됩니다.

　외교 상황에서 비밀은 1급, 2급 3급으로 나눕니다. 1급 비밀은 그야말로 '최고 비밀

(Top Secret)'로서 누설되면 해당 국가와의 국교를 단절까지 할 수 있는 문서를 말합니다. 예를 들면 다른 나라를 가상의 적국으로 상정하는 내용을 담았을 경우가 이에 해당합니다. 제1차 세계대전 당시에 독일이 멕시코에게 자신들을 지원해 주면 미국 영토 중 일부를 떼어 멕시코에 주겠다고 약속한 문서가 미국에게 노출된 적이 있습니다. 이 문서는 중립을 지키던 미국이 전쟁에 참여하게 되는 큰 이유가 되고 말았습니다.

대외비라는 것도 있는데, 이것은 비밀에 속하지는 않지만 외부에 노출되어서는 안 되는 중요한 정보를 말합니다.

흔히 비밀은 무덤까지 가지고 가는 것이라고 말합니다. 그만큼 중요하고 또 유지하기 어려운 것이라는 뜻이겠지요. 외교에서는 더욱 그러합니다.

역사를 바꾼 공문서

　해외에 있는 대사관이나 총영사관에서는 수시로 국내의 본부에 보고서를 보냅니다. 현지의 사정을 알리는 공문을 보내는 것입니다. 본부에서는 이 보고서를 살펴본 뒤에 필요한 조치를 취하게 됩니다. 그래서 보고서에는 이것이 우리나라에 어떤 영향을 미치게 되는지를 분석해 놓아야 합니다. 특히 시급을 요하는 사안이 생겼을 때는 더욱 신속하고 정확하게 사실을 파악하고 보고하는 일이 매우 중요합니다.

　보고서에는 '언제 어디서 누가 무엇을 어떻게 왜'라는 육하원칙이 기본적으로 들어 있어야 하고, 이러한 사실을 바탕으로 분석하고 평가하여 내린 최종적인 결론이 함께 있어야 합니다. 또한 보고서는 무엇보다도 일관성이 있어야 합니다. 같은 사실도 두 사람의 보고가 서로 다르거나 한 사람이 보냈더라도 그 내용이 불분명하다면 보고서로서의 가치가 없어지게 됩니다.

1592년 임진왜란이 일어나기 2년 전인 1590년 4월 일본으로 파견된 황윤길 정사는 일본이 침략할 것이라고 보고하였고, 부사였던 김성일은 침략하지 않을 것이라고 조정에 보고하였습니다. 이때 만일 정확한 보고를 받고 대비책을 잘 마련했다면 전쟁에서 일방적으로 피해를 입지는 않았을 것입니다. 우리나라는 고려 시대에 이미 훌륭한 총포술을 보유하고 있었기 때문입니다. 우리가 가진 활의 사정거리는 200여 미터였지만, 일본이 가진 조총의 유효사정거리는 불과 50여 미터였으니 이 점을 이용한 전술을 개발할 수도 있었겠지요. 또는 전쟁이 일어나기 전에 이순신 장군이 바다에서 왜적을 격파할 수도 있었을 것입니다. 하지만 이때 조정에서는 김성일의 손을 들어 주었고, 아무런 대비를 하지 않았던 조선은 2년 뒤 일본의 침략을 받아 엄청난 피해를 입고 말았습니다. 보고서는 그만큼 중요합니다. 지금에 와서는 두 사람의 보고가 왜 그렇게 달랐을까 생각해 보는 일도 필요할 것입니다.

　보고서는 당시에 어떤 일이 있었는지를 상세히 알려 주는 기록물이기도 합니다.

1906년 3월 29일 울도의 군수였던 심흥택은 상급관청인 강원도 관찰사에 긴급 보고서를 보냅니다. 여기에는 '우리 군 소속 독도가 육지에서 100여 리 떨어진 바다에 있는데, 얼마 전 일본의 관인 일행이 관사에 와서 제멋대로 말하기를 독도가 이제는 일본 영지가 되었으므로 시찰하러 왔다고 하였다'는 내용이 들어 있었습니다. 매우 심각한 사태라고 판단하고 신속하게 보고했던 것이지요. 보고서를 발송한 것도 일본인 일행이 떠난 바로 다음 날이었습니다. 보고를 받은 강원도 관찰사는 다시 이것을 당시 대한제국의 중앙 정부에 보고했고, 내부대신은 이에 대한 회신을 보내면서 독도가 일본 땅이라고 하는 것은 전혀 그 이치가 없는 것이라며, 이를 단호히 부정했습니다. 일본에 대한 항의의 뜻을 명백히 표시하고, 국토를 포기할 수 없다는 의사를 밝힌 것입니다. 당시 주요 일간신문이었던 대한매일신보는 1906년 5월 1일자 신문에 이 일에 대해 언급하면서 일본의 독도 침탈을 날카롭게 비판하는 내용의 글을 실었습니다.

만일 이 보고서가 없었다면 독도가 우리 땅이라는 주장에 적지 않은 손실을 가져오게 됩니다. 우리나라 영토에 외국인들이 들어와 차지하고 있어도 아무

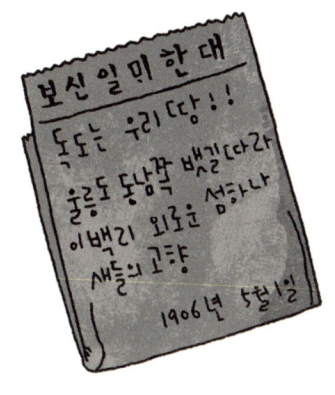

런 반박을 하지 않고 가만히 있었다는 것은 외국 영토라는 것을 그대로 인정하는 것과 같기 때문입니다.

 한편, 보고서에는 그것을 작성한 외교관의 상황이나 심정 또한 고스란히 담겨 있습니다. 1975년 4월 30일은 베트남전쟁에서 남베트남이 패망한 날입니다. 워낙 갑자기 남베트남 정부가 무너진 탓에 우리 대사관에서는 교민들을 우선 철수시켰고, 몇 명의 외교관들은 탈출 시기를 놓치고 말았습니다. 그리고 본부로 이런 상황을 알리는 마지막 전문을 보냈지요. 당시 남베트남의 수도 사이공, 지금의 호치민 거리에는 이미 북베트남군들이 들어와 있고 모든 탈출로는 막힌 상태였습니다. 이제 잠시 뒤면 어떤 운명이 닥칠지 모르는 순간에 보낸 전문 보고서에는 어떤 심정이 담겨 있었을지 짐작이 가고도 남습니다. 결국 이대용 공사와 서병호·안희완 영사는 감옥에 갇혀 고통스러운 날을 보내다가 우리 정부의 줄기찬 교섭 끝에 드디어 1980년 4월 12일 그리운 고국으로 돌아오게 되었지요.

유엔이 하는 일

    2007년 우리나라의 반기문 외교통상부 장관이 제8대 유엔 사무총장에 선출되었습니다. 이 일은 개인에게도 영광스러운 일일 뿐 아니라, 우리나라의 국가 위상을 드높인 쾌거였습니다.

    유엔은 제2차 세계대전이 끝난 뒤, 미국의 뉴욕에서 전쟁에 참가했던 세계 주요 국가들이 모여, 이와 같은 비참한 전쟁이 다시 일어나지 않도록 하기 위해서 만든 국제기구입니다. 유엔에서는 모든 가맹국이 함께 모여 회의를 하는 총회가 열립니다. 그리고 5개의 상임이사국과 10개의 비상임이사국으로 구성되어 세계 평화와 직결되는 중요한 안건을 토의하는 안전보장이사회가 있습니다. 국가 간의 분쟁을 재판하는 국제사법재판소와 같은 기구도 갖추고 있지요.

    국제 평화를 위한 유엔의 역할 중에 중요한 것으로 평화유지군을 조직해 분쟁 지역에 파병하는 일을 들 수 있습니다. 세계의 여러 분쟁 지역에 파견되어 전쟁을 막고 평화를 지키는 유엔평화유지군은 1948년 창설되어 2012년 현재 15개 지역에서 활동하고 있습니다. 세계는 1945년 이래 약 70여 개의 내전 또는 전쟁을 겪었는데 1950년부터 1953년까지 계속된 한국전쟁도 그중 하나입니다. 1950년 7월 7일 유엔 안전보장이사회는 한국전쟁에 참전하기로 결의하였습니다. 이는 세계 역사상 최초로 국제 정의를 위해 국제연합군을 탄생시켰다는 평가를 받고 있지요.

지금까지도 세계 여러 나라 간의 갈등은 계속 이어지고 있습니다. 중동의 이스라엘과 아랍 국가들 간의 갈등이 대표적인 예이며, 발칸반도도 유고슬라비아가 해체된 뒤 1999년 6월에 내전이 끝났지만 민족 간의 갈등이 여전합니다. 이곳에는 몬테네그로, 크로아티아, 마케도니아, 슬라브, 알바니아, 불가리아, 헝가리인 등 다양한 민족들이 살고 있고, 종교도 다양해서 기독교와 이슬람을 믿는 민족들이 서로 대립하고 있습니다. 그래서 예전부터 발칸반도는 '세계의 화약고'라고 불렸지요.

또한 소련 즉 소비에트연방이 해체되고 1991년 독립한 중앙아시아의 여러 나라들도 수자원 문제와 민족 갈등 등으로 대립하고 있습니다. 유엔에서는 충돌 위험을 없애기 위해 특별 기구를 만들어 이 지역을 관찰하고 있습니다. 우즈베키스탄으로 흘러 들어가는 아무다리아 강의 상류 지역인 키르기스와 타지키스탄이 건설하려는 대형 댐 때문에 일어나는 나라 간의 갈등도 문제입니다. 유엔에서는 투르크메니스탄에 UNRCCA라는 특별사무소를 두고 이러한 물 분쟁과 같은 위험 요소들을 평화적으로 해결하기 위한 방법을 찾고 있습니다.

국가 간의 영유권 문제도 계속 부각되고 있습니다. 중국과 일본 간의 섬 분쟁을 비롯하여 중국의 남부 남지나해상에 있는 스플랫틀리 군도를 놓고 인접해 있는 부루네이, 중국, 말레이시아, 필리핀, 베트남, 타이완 등이 영유권을 주장하고 있으며, 러시아와 일본 간의 북방섬 영유권 다툼도 이어지고 있습니다. 동해에서는 독도를 두고 우리나라와 일본이 서로 대립하고 있다는 것은 우리 모두가 잘 알고 있는 사실이지요.

이처럼 분쟁이 계속되고 있기 때문에 유엔의 평화적인 조정 역할이 중요한 것입니다. 만약 외교관을 꿈꾸는 어린이가 있다면 우리나라의 외교통상부에서 일하는 것도 좋지만 유엔이나 유엔에 속해 있는 국제기구에서 근무하는 것을 염두에 두는 것도 바람직합니다. 세계의 분쟁이나 어려운 문제 해결 과정에 참여하면서, 간접적으로 우리나라를 위해 도움이 되어 줄 수도 있기 때문입니다. 국제기구에서 일하게 되면 세계 여러 나라를 여행하면서 특색 있는 경험을 할 수도 있습니다.

유엔이나 국제기구에서는 매년 수시로 필요한 직원을 채용하고 있는데 필요한 업무를 전공했는가 여부가 중요합니다. 그리고 그와 관련된 업무를 해 본 경험이 있는지도 중요한 조건입니다. 영어와 프랑스어 등 외국어가 능숙해야 함은 물론입니다. 유엔 직원용 여권에는 유엔 공용어인 영어, 불어, 중국어, 스페인어, 러시아어, 아랍어로 표기되어 있지요. 외교통상부에서는 홈페이지를 통해 이러한 국제기구의 채용 정보를 국민들에게 제공하고 있습니다.

현재 세계 41개 국제기구에 근무하고 있는 한국인 수는 약 300명입니다. 물론 그중에 가장 높은 분은 반기문 유엔 사무총장님이지요.

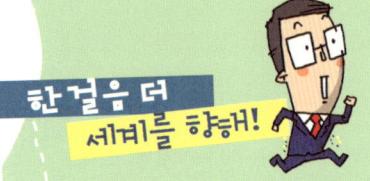

국제기구의 종류

지구촌에는 많은 국제기구들이 있습니다. 국제아동보호기금(유니세프, UNICEF)와 국제노동기구(ILO), 국제난민기구(UNHCR), 국제보건기구(WHO) 등 종류도 다양합니다. 한 나라의 노력만으로는 해결할 수 없는 세계적인 문제가 많기 때문에, 그 해결 방법을 협의하기 위해 국가 간에 조약을 맺고 국제적인 단체를 만든 것입니다.

국제기구에는 누가 주도해서 만들었냐에 따라 정부간국제기구(IGO, Inter Governmental Organization)와 비정부간국제기구(INGO, International Non Governmental Organization) 이렇게 두 종류가 있습니다. 정부간국제기구로는 유엔이 대표적이고, 비정부간국제기구는 정부가 아닌 민간단체에서 만든 국제기구입니다. 보통 NGO라고 불리지요. 정부의 규제가 줄어들고 정부의 권한 중에 많은 부분이 민간단체로 옮겨지고 있는 것은 세계적인 추세입니다. 갈수록 정부 외에 기업이나 협회 같은 일반 시민들의 역할이 점점 더 중요해지고 있기 때문에 시민들이 결성한 사회 단체 등이 세계적인 국제기구로 성장한 예가 많고, 비정부간국제기구의 역할도 더욱 중요해지고 있습니다.

비정부간국제기구 중에 유명한 것으로는 세계 환경보호 단체인 그린피스가 있습니다.

그린피스는 1972년 캐나다에서 소수의 시민들이 모여 만들어졌고, 이후 1979년에는 국제적인 단체가 되었습니다. 공장과 자동차의 매연으로 인해 바다와 공기가 오염되고 오존층이 파괴되어 지구의 환경이 위험에 빠지게 되는 것을 경고하는 활동을 하면서 널리 알려지게 되었습니다. 지금은 어느 정부간국제기구에 못지않은 큰 조직으로 발전하여, 지구 온난화로 인해 남극과 북극의 빙하가 녹는 현상을 경고하는 등 세계 여론에도 큰 영향을 끼치고 있습니다.

국제적십자사와 같은 봉사 단체도 중요한 비정부간국제기구입니다. 국제적십자사는 터키와 유럽연합군이 함께 러시아의 남하에 맞서 싸운 크리미아전쟁 당시에, 스위스 사람인 앙리 듀낭이 전쟁의 참화를 직접 보고 부상병을 구호하기 위해 만든 단체입니다. 영국의 나이팅게일이 부상당한 병사들을 치료하기 위해 전쟁터로 달려간 것도 이즈음이지요. 흰 바탕에 붉은 십자가 모양을 한 적십자사의 깃발은 앙리 듀낭의 조국, 스위스의 국기인 붉은 색 바탕에 흰색 십자가 모양을 본떠서 색을 바꾼 것입니다.

그밖에 국제사면위원회(앰네스티, Amnesty international)와 국경없는 의사회, 국제라이온스클럽 등도 유명한 비정부간국제기구입니다. 비정부간국제기구 가운데 대부분은 미국과 유럽 등 강대국에서 만들어진 단체들이지만 언젠가는 우리나라에서도 출현할 때가 있을 것입니다.

외교관이 궁금해요

　외교관의 일은 국내 본부에서 근무할 때와 해외에서 근무할 때가 다릅니다. 본부에서의 업무는 다른 정부 기관과 비슷한 점이 많지요. 그렇지만 대사관이나 총영사관, 대표부 등 해외에서의 업무는 이와는 매우 다릅니다.

　해외에서의 업무 가운데 가장 중요한 것은 국내 본부에서 보내오는 지시(훈령)에 따라 교섭 활동을 벌이는 일입니다. 또 그 나라에 머물고 있는 우리 국민과 기업의 활동을 지원하고 보호하거나, 국내에서 출장을 나오는 대표단을 돕는 일도 중요합니다. 이렇게 다양한 일을 언제 어디서나 해내야 하기 때문에 해외에서의 업무를 24시간 근무라고 부르기도 합니다.

　동포들이 어려운 일을 당하면 대사관이나 총영사관을 찾게 되는데, 때로는 한밤중인 경우도 있습니다. 또 한국에서 오는 비행기가 도착하는 때가 현지 시간으로 한밤중인 경우도 있지요. 공항까지 왕복하고 손님이 통관수속을 마치고 나오는 때까지 기다리다 보면 거의 잠을 못 자기도 합니다. 한국에서 긴급한 연락이 왔을 때는 말할 것도 없습니다. 현지 시간이 언제든 간에 연락을 받아야 하니까요. 그래서 해외에서의 업무를 수행하다 보면 일을 담당하는 외교관 자신뿐 아니라 가족들도 함께 바쁘고 힘든 시간을 보내게 되는 경우가 많습니다.

해외에서 우리 기업과 동포들을 돕거나 한국에서 온 대표단이 성공적으로 일을 마칠 수 있도록 돕기 위해서는 그 나라의 공무원이나 기업인들의 협조가

꼭 필요합니다. 때문에 외교관은 평상시에 현지의 사람들과 잘 사귀어 두어야 하지요. 필요할 때만 만나서 뭔가 들어 달라는 요구만 하면 상대방이 좋아하지 않습니다. 제대로 협조해 주지 않는 것도 당연하지요. 입장을 바꾸어 보아도 마찬가지입니다.

외교관은 직업상 군인과 비슷한 측면이 있습니다. 외교관도 군인처럼 계급이 있고 임지에 따라 자주 이사를 해야 합니다. 또 군인이 상부의 지시에 따라 행동하듯이 외교관도 공관장과 본부의 지시에 의해 움직여야 하지요.

외교관의 계급은 대사관에서 근무할 때와 영사관에서 근무할 때에 따라 달라집니다. 대사관에서는 대사, 공사, 참사관, 1등서기관, 2등서기관, 3등서기관 이렇게 여섯 계급이 있습니다. 최근에는 공사와 참사관 사이에 공사참사관 직제가 생겨 일곱 계급이 되었습니다. 이와는 달리 영사관은 총영사, 부총영사, 영사, 부영사의 네 계급으로 구성됩니다.

대사관은 대사가 집무하는 곳, 그리고 총영사관은 총영사가 집무하는 곳이라는 뜻입니다. 대표부는 대사가 있는 곳이지만 대사관으로 부르지 않는데, 그 이유는 한 나라가 아니라 국제기구에 파견된 것이기 때문입니다. 유엔 대표부와 경제협력개발기구(OECD) 대표부 등이 그렇습니다.

그리고 당연하지만 외교관도 공무원입니다. 아무리 화려하게 보이는 외교관이라는 직업도 어디까지나 국가에 고용되어 공적 업무를 행하는 공무원이고, 공무원은 정부의 어느 부서에서 일하더라도 국민에 대한 봉사를 기본으로 하는 것입니다. 영어로도 'diplomat(외교관)'이 아닌 'foreign service officer(해외근무 공무원)'라는 표현을 쓰기도 합니다.

외교관, 좋은 점과 나쁜 점

　모든 직업이 마찬가지겠지만 외교관이라는 직업에도 장점과 단점이 있습니다. 가장 먼저 좋은 점으로 꼽을 수 있는 것은 공무원으로서 국가에 봉사하면서 나라가 발전하는 모습을 일선에서 볼 수 있는 보람이라고 하겠습니다.
　예전에 우리나라는 매우 가난했었습니다. 지금처럼 우리나라 기업의 상표를 어느 나라에서건 볼 수 있고 우리 자동차와 전자 제품이 세계 각국에서 인기리에 판매되는 시대와는 사정이 전혀 달랐습니다. 여러분은 상상하기 어렵겠지만, 거리에는 거지가 밥을 구걸하러 다녔고 직업이 없어 놀고 있는 사람들이 많았습니다. 다른 나라로부터 무시를 당하기도 했지요.
　지금은 우리 국민들도 동남아시아의 나라들로 쉽게 여행을 갈 수 있습니다. 그쪽에서 연수를 받으러 우리나라를 방문하기도 합니다. 그러나 당시에는 그들이 우리보다 더 잘 살았고, 우리는 그들을 동경의 대상으로 삼기도 했습니다.

'동남아 순회공연을 마치고 돌아왔다'는 것이 진짜로 자랑거리였던 것입니다. 지금 우리는 그때와는 비교할 수 없을 정도로 많이 발전했습니다. 이와 같은 우리의 발전상을 나라 안팎에서 지켜볼 수 있다는 것은 큰 기쁨입니다.

뿐만 아니라 해외에서의 생활은 새로운 환경에서 많은 것을 보고 들을 수 있어, 견문을 넓힐 수 있는 기회가 됩니다. 영화나 텔레비전에서만 보던 외국에 직접 살면서 그곳의 새로운 문화를 접하고 친구들을 사귀며 서로 다른 의견을 나누어 볼 수도 있지요.

반면, 단점도 많습니다. 특히 주기적으로 근무지를 계속 바꾸다 보면 불편한 점이 생깁니다. 정이 들 만하면 떠나야 하는 입장이라서 제대로 이삿짐을 꾸리지도 못할 뿐더러 애써 친해진 사람들과 헤어지는 이별의 경험을 자주 겪어야 하지요. 병원 시설이 낙후되었거나 전염병, 풍토병이 도는 곳에 파견

이 되면 자칫 건강을 상하게 될 수도 있습니다. 파견되는 나라들 가운데에는 현대식 병원이 없거나 의료 시설이 매우 열악한 곳도 많아서 이런 곳에 근무하는 도중에 사고가 나거나 수술이 필요하게 되면 의료시설이 갖춰진 가까운 나라로 가
거나 우리나라로 돌아와야 합니다. 또 한국 음식과 생활필수품을 구입하기 힘들어서 고생하는 경우도 있습니다.

　해외에서 근무하는 외교관의 어려움 가운데 자녀 교육 문제는 큰 비중을 차지합니다. 잦은 이사에 따르는 친구들과의 이별은 어린 아이의 동심에 상처를 줍니다. 그리고 부모와는 달리 해외 생활을 싫어하는 자녀가 있을 경우에는 더욱 힘든 일이지요. 아이들이 해외에서 귀국한 다음에 국내의 학교로 전학을 하게 되면 국내에서 계속 자란 학생들과 관계가 나빠지기도 합니다. 그래서 아이들이 어디에서나 원만한 대인 관계를 할 수 있게끔 좋은 가정환경을 만들고, 아이들과 충분히 대화하는 시간을 갖는 일이 외교관에게는 특히 더 중요하지요.

3년마다 짐을 싸요

외교관의 임기는 보통 3년입니다. 해외에서 근무하는 외교관은 3년마다 한 번씩 다른 나라로 이동하거나 본국으로 돌아오게 됩니다. 그러나 예외도 있어, 현지의 환경이 열악해서 풍토병이 심하거나 치안 상태가 안 좋은 경우에는 2년 정도만 근무하기도 합니다. 본인 또는 가족이 질병에 걸려서 임기 이전에 이동을 하는 경우도 있지요.

우리나라의 경우에는 보통 3년 근무 뒤 서울의 본부로 귀임을 하게 되지만, 두 나라에서 3년씩 연이어 해외 근무를 하는 경우도 많습니다. 그리고 매우 드문 경우이기는 하지만 세 나라에서 3년씩 연속해 근무하는 경우도 있습니다. 이런 경우에는 거의 10년간을 우리나라에 돌아오지 못하고 해외에서 생활해야 하기 때문에 여러 가지 어려움이 따르기도 합니다.

외교관들이 3년마다 임지를 바꾸도록 하는 데에는 몇 가지 이유가 있습니다.

우선 주기적으로 국내에 돌아와서 본부의 분위기를 다시 익혀야 하기 때문입니다. 국내에 돌아오게 되면 그간 못 만나던 직장 동료와 친구들, 일가친척들을 만나는 등 지인들과의 인간관계가 다시 활발해집니다. 사적인 생활을 유지하고 보호하기 위해서이기도 하지만, 외교관의 업무는 단순히 문서로만 이루어지는 것이 아니기 때문에 사람들과의 관계를 잘 일궈 나가는 일은 언제나 중요한 것입니다.

그러나 임지를 바꾸도록 하는 가장 중요한 이유는 한 나라에 오래 근무하게 되면 그 나라와 지나치게 친해지는 경향이 있기 때문입니다. 외교관은 자기가 근무하는 나라에 애정을 갖고 그곳에서 많은 친구들을 사귀어야만 주어진 업무를 할 수 있

습니다. 그런데 여기에는 '애국심'이라는 한계가 있어서 그 나라와 너무 친해지게 되면 곤란합니다. 두 개의 조국이 있을 수는 없는 것이지요.

외국에서 오래 생활하게 되면 현지에 동화까지는 아니더라도 탈한국화, 즉 한국적이지 않은 경향을 보이는 경우가 있어서 조심할 필요가 있습니다. 해외에서는 누구나 애국자가 된다는 말도 있지만, 한국과는 다른 환경과 문화 속에서 지내다 보면 자신도 모르게 한국적인 정서와 감각을 잃어버리게 되는 것도 사실입니다. 인간이기 때문에 환경의 영향을 받는 것은 당연합니다. 자기도 모르는 사이에 현지 문화에 그렇게 물들어 가는 것입니다. 그러다 보면 업무에 소홀해질 우려도 생기지요. 어느 나라 외교부나 이런 점을 가장 경계합니다.

외교관의 임무는 두 나라 사이의 친선을 도모하는 것입니다. 하지만 이것은 어디까지나 조국의 국익을 우선으로 한 다음의 문제입니다. 국익을 해쳐 가면서까지 자기가 주재하는 나라와 친하게 된다는 것은 외교관 본연의 임무를 이탈하는 일입니다. 그렇기 때문에 그 나라의 환경에 지나치게 젖어 들기 전에 적당한 시기에 임지를 옮기는 편이 좋습니다.

외교관과 스파이

　외교관을 일컬어 '공인된 스파이', '국익을 위해 거짓말하는 사람'이라고도 합니다. 듣기 좋은 말은 아니지만 농담 반 진담 반으로 '직업적으로 거짓말하는 사람(Professional Liar)'이라고 하기도 합니다.

　다른 나라에 파견된 외교관은 그 나라의 여러 가지 정세를 탐지하는 역할을 하게 됩니다. 발달된 지식이나 정보를 구하기 위한 외국과의 접촉은 옛날부터 계속되어 왔지요. 최신의 산업 기술은 물론이고 책과 지도 등도 옛날에는 중요한 국가 기밀에 속했습니다. 다른 나라의 발달된 문물을 얻기 위한 노력이 아주 치열해서 정식으로 가져올 수 없으면 몰래 훔쳐 오거나 눈어림으로 배워서 온 뒤에 직접 만들기도 했습니다.

　우리나라에 면화를 처음 들여온 문익점 선생 이야기는 유명합니다. 당시에 원나라는 목화와 직조 기술을 국가 기밀로 하여 외국에 일체 내보내지 않고 있

었습니다. 1367년에 문익점 선생은 원나라에 사신으로 갔다가 돌아오는 길에 붓두껍 속에 목화씨 10개를 숨겨 왔습니다. 지금으로 치자면 산업스파이 역할을 한 것이지요.

선생이 가져온 목화씨 가운데 9개는 집 마당에 심었고 1개는 장인 댁에 주어 심게 했는데, 장인 댁에서 키웠던 씨앗이 자라서 우리나라에도 목화나무가 자라게 된 것입니다. 마침내 우리나라 백성도 면화로 만든 부드러운 옷을 입을 수 있게 되었지요. 누에에서 뽑는 실로 만드는 비단은 대량생산이 어렵기 때문에 왕족이나 부유한 사람들만이 입을 수 있었지만, 면화는 손쉽게 구할 수 있어서 일반인이 입을 수 있는 가장 좋은 의복 재료가 되었습니다.

그렇다면 외교관과 스파이가 다른 점은 무엇일까요? 외교관은 자신이 근무하고 있는 나라에서 본국을 대표하고 나라 사이의 우호 친선을 위해 노력하는 사람입니다. 이를 위해서 중요한 사안을 협의하고 자국민을 보호하며 그

나라의 정세를 관찰해 보고하는 일을 하지요. 그런데 정세를 관찰 보고하는 데에는 '단, 그 나라의 법률을 어기지 않는 한도 내에서'라는 중요한 조건이 붙습니다. 바로 이 점에서 외교관과 스파이 즉 간첩이 다른 것이지요.

   그럼에도 여전히 외교관에게 의심의 눈초리를 보내곤 합니다. 요즘은 산업 스파이라는 말이 있을 정도로 국가 간 경쟁이 치열해서, 외교관에게 산업 정보를 획득하고 자국 기업을 지원하는 업무가 주어지는 경우도 많기 때문입니다. 물론 그 나라의 법을 지키는 한도 내에서 말입니다. 거의 모든 선진국들은 우주과학, 생명공학 등 첨단 기술을 국가 기밀로 하여 엄격한 통제 아래 두고 외국으로 정보가 유출되는 것을 막고 있기 때문에 자연히 외교관들의 관찰 보고 임무에도 많은 제약이 따릅니다. 때로는 현지 법률을 위반하는 실수를 저지를 수도 있지요. 그래서 대부분의 나라에서는 그 나라에 주재하는 외교관에 대해, 단순히 상대국을 대표해 나와 있는 점잖은 외교관으로만 보지 않고 보이지 않는 감시를 하기도 합니다. 그래서 외교관의 거주 지역을 수도권에만 한정하거나, 군사 지역이나 산업 보호 지역의 출입을 금지하는 나라도 있습니다.

정직이 최고!

'정직은 최선의 정책이다(Honest is the best policy).' 이것은 실제 사회생활에서뿐만 아니라 외교와 관련된 학문인 국제정치학에서도 자주 쓰이는 유명한 말입니다.

어느 학자는 이것을 부정적으로 보기도 하지만, 대부분의 학자들은 외교에서 가장 중요한 것이 정직이라는 점에 의견을 같이합니다. 정책의 술수가 필요한 순간도 있을 것입니다. 그러나 나라 사이에서 소통할 때는 기본적으로 정직이 뒷받침되어야 합니다. 외교는 국가와 국가 간 교섭이지만 그 교섭을 실행하는 것은 기계가 아니라 사람이기 때문입니다. 어떤 나라 외교관을 신뢰하게 되었다는 것은 그 나라를 신뢰한다는 뜻입니다. 신뢰는 상대방이 나를 정직하게 대하고 있다고 여길 때 생겨 나지요. 외교관은 단순히 외교 문서만을 전달하는 사람이 아닙니다. 그런 점에서 정직은 외교관의 가장 큰 무기가 되기도 합니다.

　외교 업무를 수행하다 보면 몇 가지 덕목의 중요성을 새삼 느끼게 됩니다. 신용을 지킬 것, 사람을 이용하지 말 것, 남을 속이지 말 것 등과 같이 인간 사회에서 통용되는 기본적인 가치는 외교에서도 중요합니다. 인간관계는 한두 번 만나고 끝나는 것이 아니고 장기간 계속되는 것이어서 잠시의 이익을 보기 위해 상대방을 이용한다든가 거짓말을 하면 결국은 믿음을 잃고 신뢰할 수 없는 사이가 됩니다. 사람을 처음 사귈 때는 사이가 좋다가도 이런 일들이 생기고 신뢰가 배신감으로 바뀌게 되면 그 관계는 더 이상 이어지기 어렵습니다. 친구들 사이에서도 말과 행동이 다르거나 평소에는 못 본 체하다가 어려운 일이 생길 때에만 나타나서 도움을 청하는 경우에는 호감이 가지 않겠지요.

　내가 좋은 의도를 가지고 누군가를 설득하려 해도 상대방이 나를 믿지

않는다면 아무 소용이 없습니다. 아무리 메시지가 좋아도 그것을 전하는 사람이 그 메시지의 내용과 다르게 행동한다면 어떨까요? 상품을 판매하는 판매원이 믿음직스럽지 않으면 그 상품을 흔쾌히 사고 싶어 하는 사람이 없는 것과 마찬가지입니다. 인간관계는 평소에 신뢰감을 줄 수 있어야 가능해지는 것입니다.

외교 활동도 이와 같습니다. 상대방에게 신뢰감을 주고 마음을 터놓고 대화를 할 수 있어야 가능합니다. 상대방에게 호감을 주지 못한다면 접근조차 할 수가 없게 됩니다. 결국 외교 활동은 일정한 목표를 가지고 임무를 수행하는 외교관 자신의 인격과 성품에 좌우된다고도 볼 수 있습니다.

외교론의 고전이라 불리는 해롤드 니콜슨 경의 《외교론》에서는 외교관의 첫번째 자질로 진실성을 들고 있습니다. 아무리 우수한 외교관이라도 진실하지 못하면 훌륭한 외교관이 될 수 없다는 말입니다.

외국어를 잘해야 하는 이유

　1984년 요한 바오로 2세가 교황으로서는 처음으로 우리나라를 방문한 적이 있습니다. 교황은 여의도 광장에서 열린 시성식에서 수많은 신도들에게 '멀리서 친구가 찾아오니 이 아니 반가운가.'라는 우리말을 해서 친근감을 표시했습니다. 이처럼 처음 만나는 외국 사람이라도 우리말을 하면 사람에게 호감을 느끼게 되고, 분위기는 금방 부드러워집니다. 설사 그 말이 '안녕하십니까' 하는 간단한 인사일지라도 말입니다.

　같은 언어로 말을 한다는 것은 서로 이해할 수 있어서 그만큼 친한 사이가 될 수 있다는 뜻입니다. 옆에 있는 사람들이 내가 모르는 말만 하고 있다면 무슨 뜻인지 알 수 없어서 자칫 불안감마저 느끼게 됩니다. 그래서 해외여행을 할 때 여행지의 간단한 인사말과 길을 묻거나 필요한 물건을 사기 위한 필수 단어를 알아 두는 것이지요.

외국어를 배우는 이유는 외국인과 대화를 하기 위해서입니다. 더욱 중요한 것은 그들이 무슨 이야기를 하는지 그 내용을 알기 위해서입니다. 어느 나라건 외국인에게는 솔직하게 자세한 말을 하지 않는 경우가 많습니다. 외국인에게는 알려 주기를 꺼려하는 내용도 그들 사이에서 오가는 대화를 통해서는 나타나지요.

외교관은 머물고 있는 나라의 여론을 관찰하고 조사하는 일을 하는데, 이를 위해서는 그 나라의 신문이나 잡지 등을 읽고 방송에 나오는 시사 프로그램을 청취해야 합니다. 그것들을 분석하고 평가해 보면 그 나라 대외정책의 방향을 예측할 수 있습니다. 여론은 국가의 정책 결정에 큰 영향을 미치기 때문에, 여론에 의해 결정된 정책이 우리나라에 유리한지 아닌지를 미리 예측해야 그에 걸맞은 대비를 할 수가 있습니다.

전쟁이냐 평화냐를 결정하는 위급한 시기에는 더욱 그렇습니다. 전쟁은 갑자기 일어나는 것이 아니고 반드시 어떤 사건에서 출발합니다. 그 사건에 따른 여론 형성이 발전되어 결국은 전쟁을 선언하는 선전포고로 이어지곤 하지요. 전쟁을 촉발시킬 수 있는 사건을 예리하게 포착해 내는 외교관의 능력이 필요한 이유입니다.

외국어 실력을 기르기 위해서는 아무래도 그 언어를 많이 접해야겠지요. 많이 읽고 문장을 많이 만들어 보아야 합니다. 특히 외국어 실력의 기본은 단어이기 때문에 단어를 많이 알아야 합니다. 어휘력을 길러야 하는 것이지요. 문법이 서툴러도 단어의 뜻을 알면 대강 어떤 내용인지를 눈치 챌 수 있지만, 단어의 뜻을 모르면 그야말로 아무것도 알 수 없게 됩니다.

열심히 하는 사람보다 즐기면서 하는 사람이 더 잘하게 된다는 말은 공부에서도 마찬가지입니다. 기억력이 좋은 사람이 유리한 것은 사실이겠지만 꾸준히 그 언어를 즐기면서 배우려는 노력이 더 중요합니다. 관심 있는 분야의 책을 읽고 영화를 보거나 노래를 따라 부르는 것도 좋은 방법입니다. 무엇보다도 기회가 될 때마다 실수를 부끄럽게 생각하지 않고 외국인들과 대화를 많이 하는 게 가장 좋습니다.

몽골마에게 배울 수 있는 것

    지금은 인구가 불과 270만 명인 작은 나라지만 몽골은 한때 세계 최대의 영토를 가진 대제국이었습니다. 13세기, 칭기즈 칸이 세계 정복 전쟁을 시작한 이래 몽골은 중국 대륙과 중동 그리고 유럽에까지 이르는 광활한 영토를 지배했었습니다.

    그런데 몽골의 세계 정복은 불과 약 23만 명의 군사로 이루어졌다고 합니다. 몽골의 군대가 강했던 이유 가운데 하나는 이들이 기마병이었기 때문입니다. 당시 유럽의 군대가 중장비를 착용한 중기병으로 동작이 느렸던 것에 반해 몽골군은 빠른 승마 속도로 적군을 압도했었다고 합니다. 개인당 불과 4~5킬로그램에 불과한 가벼운 경장비를 착용하고 뛰어난 승마술로 놀라운 기동력을 발휘했던 것입니다.

    특히 말을 타고 활을 쏘는 기사술은 역사상 가장 뛰어났었다고 하는데 고구려의 벽화에 나오는 사냥 장면을 떠올리면 그 모습을 쉽게 상상할 수 있습니다. 몽골군은 말을 타고 달리면서 전후좌우 자유롭게 화살을 쏘아 적군을 혼란 상태에 빠지게 했다고 합니다. 뿐만 아니라 몽골이 사용했던 각궁은 고도로 발달된 구조를 갖고 있어서 무려 200여 미터가 넘는 장거리를 사정거리로 둘 수 있었습니다.

활을 잘 쏘기 위해서는 무엇보다도 시력이 좋아야 하는데 몽골인의 시력이 매우 좋다는 것을 말해 주는 이런 농담도 있습니다. 한 아버지가 여행을 떠났는데 어느 날 아들이 집 앞에서 '아버지가 오신다'는 말을 했습니다. 놀랍게도 그 말을 하고 나서 3일 뒤에 아버지가 도착했다는 것입니다. 그 정도로 시력이 좋다는 뜻이겠지요.

몽골인이 이처럼 훌륭한 기마병이 된 데에는 몽골마의 우수성도 빼놓을 수가 없습니다. 전형적인 유목민인 몽골인들은 말에서 태어나 자라고 말 위에서 죽는다는 속담이 있을 정도로 말과 친합니다.

몽골마의 신장은 어깨에서 지면까지 길이가 평균 132센티미터로 미국 서부영화에 나오는 말의 신장인 158센티미터보다는 작습니다. 그러나 장거리를 달려도 지치지 않고 추위와 더위에 강해서 뛰어난 전투력을 보였습니다.

몽골인들은 몽골마의 강인한 체력을 위해 자유롭게 풀어 기르는 사육 방법을 썼습니다. 이것을 방목이라고 하는데, 스스로 목초를 찾아다니는 습성을 기르게 하는 것이지요. 겨울에는 텐트 주위에 묶어 놓고 목초의 양을 조금씩 주어 필요 없는 몸의 군살과 지방질을 빼고 전장에서 먹지 못할 때의 상황에 적응을 시킵니다. 보통의 말들은 달리다 피곤하면 그대로 주저앉고 말지만, 이렇게 단련된 몽골마들은 쓰러져 죽을 때까지 달렸다고 합니다.

몽골군대는 이렇게 단련된 말들을 보통 1인당 3~5마리씩 데리고 다니면서 전투가 있을 때는 새 말로 바꿔 타고 돌격전을 벌였습니다. 무거운 갑옷을 입

고 말을 한 마리만 데려 온 적군보다 훨씬 더 강력한 전투력을 보일 수밖에 없었겠지요.

이쯤 되면 왜 여러분에게 몽골군대와 말에 대한 이야기를 했는지 짐작할 수 있을 겁니다. 공부할 때와 운동할 때나 또 사회생활에서의 가장 중요한 교훈은 참을성입니다. 살다 보면 자기 뜻대로 안 될 때가 많습니다. 외교관에게 있어서는 더 말할 것도 없지요. 외교 업무를 하다 보면 본인의 뜻과는 다른 방향으로 상황이 흘러가는 경우를 많이 접하게 됩니다.

그러나 여러분도 느낀 적이 있겠지만 공부가 제대로 되지 않을 때마다 포기하거나 마음을 바꾸면 성적을 올릴 수가 없습니다. 뜻대로 되지 않아서 화가 난다고 마구 화를 폭발시키거나 자포자기하는 것은 최악의 선택입니다. 모든 것은 항상 변하기 마련이어서 포기하지 않고 꾸준히 노력하면 언젠가 자기도 모르게 상황이 나아지게 됩니다.

목표를 세우고 공부할 때나 또 사회에 나가 일을 할 때에도 포기하는 사람은 성공하지 못한다는 교훈을 꼭 기억하길 바랍니다.

외교관에게 체력은 필수

외교관에게도 체력 단련은 중요합니다. 아니, 더욱더 중요합니다. 1986년 1월부터 1987년 11월까지 레바논 주재 한국대사관의 한 서기관이 테러리스트 단체에 의해 납치된 적이 있습니다. 그는 1년 8개월간의 지루한 인질 생활을 평소 단련해 두었던 검도 수련 덕분에 잘 견딜 수 있었다고 말했습니다. 이런 극단적인 경우가 아니더라도 외교관의 업무를 잘 수행하려면 체력이 좋아야 합니다.

체력 단련이 필요한 것은 사무실에서의 업무 즉 문서를 다루는 일을 잘 해내기 위한 것이기도 하지만, 공식 일정을 차질 없이 잘 소화해 내기 위해서이기도 합니다. 오히려 서류 작성이라든가 책상에서의 작업에만 익숙해져 있는 사람들에게는 체력 관리의 중요성이 더욱 큽니다.

외교관의 일정 가운데에는 여러 가지 행사들이 많습니다. 외교 행사도 다른 사회 활동과 마찬가지로 사전 약속에 의해 이루어지기 때문에 일단 일정이 잡히면 개인적인 사정으로 불참하거나 취소할 수가 없습니다. 외교관이 참여하는 행사는 회의와 리셉션 또는 기념식 등 공적으로 참석해야 하는 경우가 대부분입니다. 더구나 연설이 약속되어 있거나 주빈으로 초청되었을 때는 더욱 빠질 수가 없겠지요. 몸이 아파서 중요한 행사에 참석하지 못하게 된다면 자칫 비난을 받게 될 뿐 아니라, 때로는 중요한 의사 결정 과정에 참여하지 못하게 되어 결과적으로 국익에 손해를 끼치게 됩니다.

여러 나라 대표가 모이는 국제회의는 보통 몇 시간은 기본이고 오전 오후 일정이 빠듯하게 짜여져서 며칠간 계속되기도 합니다. 마라톤 같은 회의 도중에 체력이 떨어져서 쓰러지거나 병원이라고 가게 되면 큰일이지요.

회의뿐 아니라 오찬과 만찬 행사도 있습니다. 식사라고는 하지만 단순히 편하게 앉아 맛있는 음식을 먹는 것이 아닙니다. 식사 중간에 연설을 하거나 외교적인 대화를 나누는 공식 일정이라고 생각하면 마냥 편한 마음으로 음식을 소화시킬 수도 없습니다. 아침에 일어나서 일단 집을 나서면 이러한 공식 일정이 밤늦게 잠자리에 들기 전까지 계속되지요.

실제로 이러한 공식 일정 때문에 피로가 쌓여 행사 도중에 쓰러지는 일도 있습니다. 1992년 1월 미국의 부시 대통령이 일본을 방문했을 때 공식 만찬 도중 약 3분간을 쓰러졌던 일은 당시 큰 화제가 되었습니다.

우스운 이야기 같지만 화장실을 때맞춰 사용하는 일도 중요합니다. 행사 개막을 몇 분 앞두고 갑자기 배탈이 난다든가 하면 큰일이니까요.

늘 사람들과의 소통이 필요한 외교관은 미세한 부분까지 신경 써서 빈틈없이 일을 처리해야 합니다. 외교에서는 작은 실수 하나가 예상치 않게 치명적인 결과를 불러일으킬 수 있어서 한시라도 긴장을 늦출 수가 없지요. 체력이 떨어지고 피곤이 쌓이면 자신도 모르게 신경질적으로 되거나 중요한 일을 꼼꼼하게 살펴보지도 않은 채 결정해 버릴 수도 있습니다. 사회를 맡은 경우에 기침감기라도 걸리게 된다면 계속 이어지는 기침 때문에 제대로 일을 마칠 수 없게 됩니다. 그래서 공식적인 일을 하는 사람의 몸은 자기 자신의 것이 아니라는 말까지 있지요.

이런 것도 기억하다니!

외교관에게 필요한 능력 가운데 하나는 기억력입니다. 외교관의 주요 임무가 관찰과 보고이기 때문입니다.

그런데 업무 중에 늘 종이와 카메라 등 기록할 도구를 가지고 다닐 수는 없습니다. 때로는 대화 도중에 자신이 관심을 갖고 있다는 사실을 알릴 수 없는 경우도 있지요. 더군다나 중요한 말이나 상대방의 속마음은 공식적인 자리가 아니라 비공식적인 자리에서 나오는 경우가 많습니다. 하지만 이런 비공식적인 사적인 자리에서까지 마이크를 꺼내거나 노트를 펼친다면 그 관계는 더 이상 마음을 여는 친분 관계가 될 수 없겠지요. 자신의 말이 녹음이나 기록되고 있다고 생각하면 누구나 발언에 조심하게 되고 중요한 이야기가 나오지 않게 됩니다. 상대방이 경계심을 갖지 않도록 해야 마음을 열고 솔직한 대화를 할 수 있습니다.

또 요즘은 휴대폰의 녹음 기능도 뛰어나고 소형 녹음기나 카메라가 만들어져서 방문객들에 대한 조사를 더욱 철저하게 하는 편입니다. 결국은 자신의 기억력에 의지할 수밖에 없지요. 보통은 기억력을 타고나는 능력이라고 생각하지만, 반드시 그렇지만도 않습니다. 기억력은 천부적인 능력이기도 하지만 학습과 노력에 의해 개발할 수도 있습니다. 외교관 역시 기억력 향상을 위해 꾸준한 훈련을 필요로 하는데, 평소에 사소한 일도 놓치지 않게끔 주의를 기울이는 연습을 하면 도움이 됩니다.

외국의 외교관 교육 과정 중에는 다음과 같은 것도 있다고 합니다. 모두 조용히 강의를 듣고 있는데 갑자기 한 사람이 문으로 뛰어 들어옵니다. 그는 교실을 한 바퀴 돌아보고는 즉시 들어온 문으로 다시 나가 버립니다. 불과 3~4

초 만에 벌어진 일입니다. 강의를 듣다가 졸던 사람도 있었고 갑자기 벌어진 일이라서 무슨 일인지 미처 깨닫지 못한 사람도 있었을 것입니다. 그런데 강의를 하던 강사는 뜻밖에도 어리벙벙해 있는 학생들에게 방금 뛰어 들어왔다가 나간 사람의 인상착의와 들고 있던 물건 그리고 행동 순서를 적어 내라는 지시를 합니다. 일종의 깜짝 시험과 같은 것이지요. 중요한 상황임에도 불구하고 펜이나 녹음기, 카메라 등 기록을 위한 도구를 사용할 수 없는 경우에 대비하기 위해서입니다. 갑자기 맞이하게 된 현장 상황을 나중에 설명해야 할 경우에는 어쩔 수 없이 자신의 기억에만 의존해야 하니 평소에 기억력을 강화시켜 놓아야 하는 것입니다.

뛰어난 기억력을 가진 사람들의 이야기를 들어 보면 그 비결이라는 것은 그야말로 꾸준한 노력밖에 없는 것 같습니다. 책을 읽을 때는 핵심이 되는 내용을 파악해서 그것을 마음속에 새겨 두려고 하고, 대화를 할 때에도 최대한 집중해서 세세한 내용을 머릿속에 담아 두어야 하지요.

이런 식의 작은 습관과 훈련이 쌓여서 어느 순간 뛰어난 기억력을 갖게 되는 것입니다.

한편 기억력이 좋으면 좋은 인간관계를 맺는 데에도 도움을 됩니다. 반기문 유엔 사무총장은 부하 직원이나 주위 분들에게 손수 편지를 쓰는 것으로 유명합니다. 바쁜 일상 가운데에도 한 사람 한 사람에 대해서 기억하고 그것을 직접 표현하는 것이지요. 배려나 관심이 없다면 그 사람에 대해서 기억하기 어렵습니다. 상대방이 나를 살피고 기억해 주었다는 것에 우리는 크나큰 고마움을 느낍니다. 결국 기억력이 좋다는 것은 두루 관심을 가지고 배려하는 마음으로 생활한다는 뜻일지도 모르겠습니다.

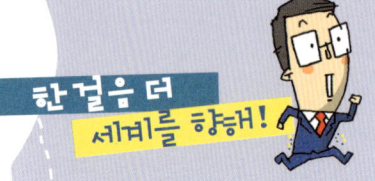

스파이왕, 엘리코헨

엘리 코헨은 역사상 가장 유명한 스파이 중 한 명으로 꼽힙니다. 그는 1967년 6월전쟁에서 이스라엘이 아랍 국가들에 단 6일 만에 승리할 수 있었던 비결이었습니다. 코헨 덕분에 이스라엘군은 전쟁이 시작되기 이전부터 이미 이집트군과 시리아군의 모든 군사 배치 상황을 손바닥을 들여다보듯이 알고 있었습니다. 지금은 정찰 위성을 이용해 우주에서 지구 위의 작은 골프공까지 촬영할 수 있지만, 당시에는 스파이가 정보를 수집하는 가장 중요한 수단이었습니다.

이스라엘의 정보국인 모사드(MOSAD)는 코헨을 요원으로 포섭해서 코헨에게 이집트와 시리아의 아랍어 사투리를 교육시키고 코헨을 완벽한 이집트인으로 만들었습니다. 새로운 이름을 만들어 주고 그 가문의 역사와 친척 관계까지도 모두 마치 실제 자신의 것처럼 완전히 외우도록 했지요. 코헨은 아르헨티나 출신의 이집트인 국제무역상인의 신분으로 시리아로 들어갔습니다.

모사드가 지원해 주는 풍족한 자금과 뛰어난 사교술을 활용해서 코헨은 오래지 않아 시리아 사교계의 유명 인사가 되었습니다. 정치 및 경제계의 유력한 인물들 대부분이 코헨과 친분을 맺고 싶어 할 정도였지요. 코헨이 친구로 삼은 사람들 중에는 당시 시리아 대통령의 친척까지 있었습니다.

마침내 코헨은 시리아의 장교클럽에 자유롭게 출입하면서 사귄 시리아군 장성들과 함께 외국인으로서는 절대로 출입할 수 없는 군사지역인 골란고원까지도 모두 방문하게 되었습니다. 심지어는 시리아군이 제공하는 군용기를 타고 골란고원 일대를 내려다보는 기회를 가질 수도 있었지요. 이스라엘 최고의 두뇌라는 말이 있었을 정도로 뛰어난 기억력을 가진 코헨의 머릿속에 시리아군 최전방의 포대와 병력 배치가 입력된 것은 물론입니다.

이렇게 입수한 모든 정보는 코헨이 사장으로 있는 가구 수출회사를 통해 유럽을 거쳐 이스라엘로 들어갔습니다. 가구의 다리에 구멍을 뚫고 그 속에 각종 정보 보고서와 사진을 넣어 보낸 것입니다.

그러나 코헨은 1965년 1월 체포되고 말았습니다. 정체불명의 전파가 발신되는 것을 시리아의 한 통신 부대가 잡아낸 것입니다. 코헨이 잡힌 뒤 이스라엘 정부는 그동안 체포한 시리아 정보원 모두와 코헨을 바꾸자고 제안하는 등 그의 석방을 위해 모든 노력을 다했지만 시리아는 이를 거절했습니다. 결국 몇 달 뒤 코헨은 사형을 당하고 말았지요.

이로부터 2년 뒤인 1967년 6월 이스라엘은 이집트와 시리아, 요르단과 제3차 아랍-이스라엘 전쟁을 개시합니다. 이 전쟁으로 이스라엘은 이집트로부터 시나이 반도를, 시리아로부터는 골란고원을 빼앗았습니다. 무엇보다도 가장 중요한 것은 이스라엘의 심장이라는 예루살렘이 이스라엘 영토가 된 것이지요.

이스라엘 전략 계획의 상당 부분은 코헨이 보내온 정보에 기초한 것이었습니다. 엘리 코헨을 스파이의 왕이라고 부르는 것은 단지 그가 대단한 성과를 거둔 스파이였기 때문만은 아닙니다. 오히려 마지막까지 임무에 충실하다가 체포를 당한 '실패한 스파이'였기 때문인지도 모릅니다. 이스라엘이 일으킨 전쟁의 옳고 그름을 떠나 코헨이 조국을 위해 위험한 임무를 완수한 훌륭한 스파이였던 것은 분명한 사실입니다.

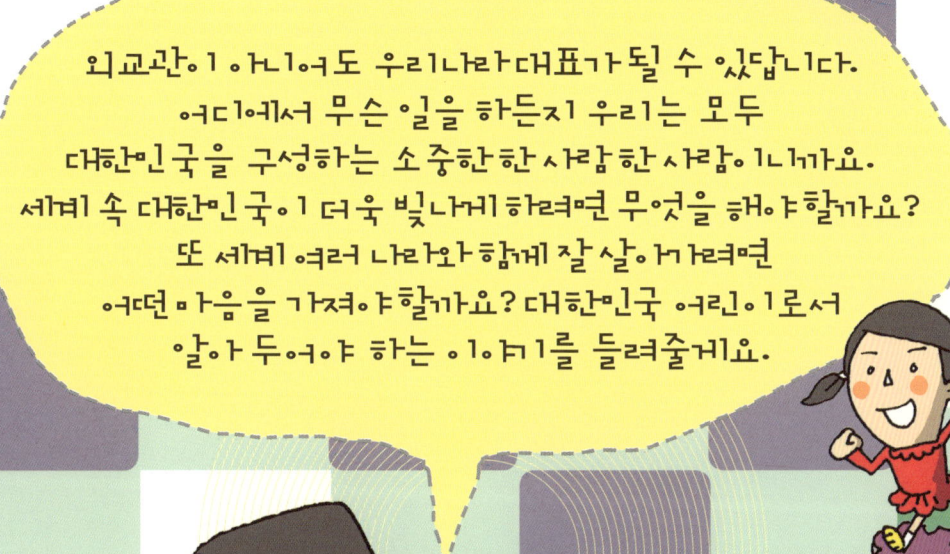

함께 살아가는 세계

　어린이 여러분도 한 번쯤은 '세계화'라는 말을 들어 보았을 겁니다. 세계화는 교통과 통신의 발달로 인해 모든 나라의 사람과 물자, 정보가 손쉽고 빠르게 이동하게 되어 세계가 마치 한 마을처럼 되고 있다는 뜻입니다.

　최근 100여 년 사이 진행된 과학 문명의 발전은 과거 5,000년간의 성과를 뛰어 넘을 정도로 놀라운 것입니다. 문제는 이러한 과학과 산업의 발전이 각 나라 간에 큰 차이를 보이고 있다는 점입니다. 저마다 가지고 있는 문화의 장단점이 다른 것은 물론, 처한 입장이나 상황에 차이가 있기 때문이지요.

　진정한 의미에서의 세계화는 이러한 서로의 특징과 차이를 감안하는 가운데 협력하여 함께 발전할 수 있는 방법을 찾는 것입니다. 어느 나라에서는 자연환경이 좋아 농업이 잘 되고, 어느 나라에서는 공업에 유리한 조건을 갖고 있으니 서로가 불필요한 경쟁을 하지 말고 서로의 장점을 살려 생산된 이익을 나누자는 것이지요.

　철과 다른 금속을 합친 합금은 단순한 철보다 강합니다. 개인이나 단체 또는 국가의 경우도 마찬가지라서 여러 가지 장점들이 합쳐지면 그 국가의 힘은 더욱 강해지고 경쟁력이 높아집니다. 역사적으로도 적극적으로 외국의 문물을 수용하고 발전시킨 나라들은 성공했지만 배척하거나 고립 상태에 머물었던 나라들은 퇴보하거나 외국의 침략을 받은 사례가 많습니다.

　한국은 중국과 일본의 중간에 위치해 양국을 가장 잘 아는 나라에 속합니다. 역사적으로 우리나라와 중국 그리고 일본은 관계가 매우 밀접했기 때문입니다. 세계 어느 나라도 우리만큼 이 두 나라를 이해하는 나라는 없다고 해도 지나친 말이 아닙니다. 이것은 우리가 가지고 있는 유리한 조건 중 하나입니다. 우리나라의 장점에 중국의 장점 그리고 일본의 장점까지 합쳐 포용할 수 있다면 우리나라는 더욱 많은 장점을 가진 나라가 될 것입니다.

그런데 다른 나라와 도움을 주고받는 세계화에도 원칙이 있습니다. 온 세계가 공동으로 번영할 수 있는 길을 찾아야 한다는 것입니다. 기술이나 경제력 등에서 우월한 나라는 그렇지 못한 나라를 위해 원조를 제공하고 기술을 나누며 함께 성장할 수 있는 정책을 펴야 합니다. 국력이 강한 나라가 약한 나라를 이용하려고만 한다면, 함께 번영하고자 하는 세계화의 원칙에 어긋나는 일이지요. 지구촌의 그 어떤 나라도 혼자서는 살아갈 수 없습니다. 눈앞에 놓인 자국의 이익만 생각해서는 지속적인 번영을 이루기 어렵습니다. 국제무대에서 활동하는 외교관도 늘 이러한 원칙을 염두에 두고 있습니다.

세계화의 중요한 의미 가운데 하나는 기후 변화나 환경오염 등 어느 한 나라의 힘으로 해결하기 힘든 문제에 공동으로 대처하는 것입니다. 사실상 온난화 문제 등은 한두 나라의 노력만으로는 해결이 불가능합니다. 같은 지구에서 살아가는 이상 어떤 나라도 연관되지 않았다고 말할 수 없지요. 몽골의 사막에서 불어오는 모래바람이 중국과 우리나라에까지 날아오는 것만 봐도 그렇습니다. 한 번에 많은 양의 석유를 운반하는 선박이 파손될 경우에는 여러 나라의 바다가 한꺼번에 오염되기도 하지요. 이럴 때는 해당되는 나라뿐 아니라 국제 사회의 협력이 꼭 필요합니다. 설사 당장은 동참하기를 원하지 않는 나라라 할지라도 세계화의 추세에서 벗어날 수는 없을 것입니다.

힘보다 지혜!

　사형대형(Oblique order)이란 비스듬하게 배열된 전투대형이라는 의미입니다. 정사각형이 아니라 마치 실로폰처럼 왼쪽부터 오른쪽으로 가면서 차츰 대형의 크기가 변하는 형태이지요.

　기원전 371년 테베는 그리스의 패권을 놓고 스파르타와 전쟁을 벌이게 되었습니다. 이때 테베의 장군 에파미논다스는 상대적으로 적은 수인 6,000명의 병사로 스파르타의 11,000명의 병사와 대결하였습니다. 루크트라전투로 불리는 이 전투에서 역사상 최초로 사용된 전투대형이 바로 사형대형입니다. 그 이전까지만 해도 작전 개념의 전투대형은 없었던 것입니다.

　기원전 고대의 전쟁은 그야말로 단순한 것이었습니다. 충격전술이라고 불리는 것으로 완력이 센 병사들이 대열을 지어 서로 정면으로 달려 나가 맞붙어 싸우는 식이었지요. 때문에 개인의 전투력이 아니라 단체의 일원으로서 단결

력이 매우 중요했습니다.

그런데 두 집단이 맞붙어 싸우기 시작하면 군사들로 이루어진 대형은 차츰 시계 반대 방향인 왼쪽으로 돌아가게 됩니다. 오른손에 칼이나 창의 무기를 들고 가격하기 때문에 공격 방향인 오른쪽으로 힘이 들어가게 되는 것입니다. 에파미논다스는 바로 이점에 착안을 해서 왼쪽에 위치한 병사들의 후열에 더 많은 병사를 배치하였습니다. 대형의 왼편을 두텁게 만든 것이지요.

적군의 대형과 부딪혀 왼쪽으로 돌아가는 원리를 이용해 군대의 왼편이 밀리지 않도록 강화한 것입니다. 왼편에 더 강한 병사를 배치하고 그 뒷부분에도

　많은 병사를 예비대로 보충해 둔 결과, 대형의 왼편이 뒤로 밀리지 않고 앞으로 나아갈 수 있었습니다. 이로써 테베군은 스파르타군을 오른쪽과 왼쪽, 양쪽에서 휘감아 들어갈 수 있게 되었습니다. 즉 적군을 포위한 것이지요. 테베는 이 사형대형으로 스파르타군에게 크게 승리를 거두고 그리스의 패권국으로 등장할 수 있었습니다.

　병사들의 체력과 정신력으로는 당시 대적할 상대가 없었던 스파르타군의 패배는 충격적인 일이었습니다. 단지 힘만으로는 승리할 수 없을 뿐 아니라 오히려 패배할 수도 있다는 사실이 증명된 것입니다. '조절되지 않는 힘은 아무

것도 아니다.'라는 교훈을 떠올리게 되는 역사의 한 장면이지요.

그리스가 페르시아 제국의 침략에 맞서서 기원전 492년에서 479년까지 3차례에 걸쳐 치른 페르시아전쟁에서도 그리스군은 전술을 사용해 승리를 거두었습니다. 당시 그리스군을 지휘했던 밀티아데스는 전면이 강력한 페르시아군과의 정면충돌을 피하는 대신 그리스군의 양쪽 측면을 강화한 대형을 구축했습니다. 그러고는 산맥을 이용해서 기습적으로 페르시아군의 측면을 공격하는 전술로 큰 승리를 얻게 되었지요.

결국 전쟁은 무력에 의해 진행되지만 승패를 결정짓는 것은 힘이 아닌 지혜라 할 것입니다.

리더가 되고 싶은 어린이에게

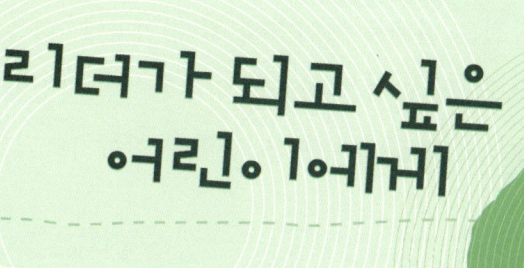

　사자가 이끄는 양떼와 양이 이끄는 사자떼가 싸운다면 사자가 이끄는 양떼가 이긴다는 말이 있습니다. 조직의 힘은 지휘자의 능력과 판단에 따라 결정된다는 것입니다. 그만큼 지도자가 중요하다는 뜻이겠지요. 물론 단체의 모든 구성원들이 중요하지만 지도자는 그 구성원들이 최대한 능력을 발휘할 수 있도록 만들어 주는 사람이기 때문에 더욱 중요합니다.

　지도자, 즉 리더는 마치 수학공식에서 괄호 밖에 있는 더하기(+) 또는 빼기(−)와도 같습니다. 괄호 속에 아무리 많은 숫자가 있어도 괄호 밖에 기호가 없으면 식이 이루어지지 않으니까요. 리더라면 부하들의 여러 의견을 고루 듣고 그중에서 가장 올바른 의견을 선택할 수 있는 지혜와 지식 그리고 용기를 가져야 합니다.

　특히 전쟁에서 리더의 책임은 막중합니다. 만약 전쟁에서 지휘관이 결정을 잘못 내리면 작전은 실패로 돌아가게 될 것입니다. 더욱이 적군이 숨어 있는 길로 가거나 불가능한 공격을 하도록 명령한다면 작전에 참가한 모든 병사들을 죽음으로 내모는 격입니다. 이와 관련된 이야기로 '트로이 목마'가 유명하

지요. 트로이는 국왕의 잘못된 판단 때문에 전쟁에서 패한 나라로 알려져 있습니다. 그리스군이 숨어 있는 목마를 트로이 성 안으로 가지고 들어와서 결국 멸망하고 말았으니 잘못된 판단 하나가 역사를 바꾼 것입니다.

1998년 우리나라에 금융 위기가 닥쳐 어려움을 겪고 있을 때 경제계에서는 싱가폴의 리콴유 총리를 초청해 강연을 들은 적이 있습니다. 그때 리콴유 총리는 한국이 우수한 지도자들을 각계에서 많이 배출한다면 지금의 경제 위기를 극복하고 계속 성장할 수 있을 것이라고 말했지요. 굳이 그의 말을 빌리지 않더라도 어느 나라 어느 사회에 있어서나 최후의 결정을 내리고 방향을 정하는 리더는 아주 중요한 존재입니다.

리더가 되고 싶은 어린이라면 그에 걸맞은 실력을 쌓는 것은 물론이거니와, 리더로서의 책임감에 대해서도 잘 알고 있어야 합니다. 리더는 그 집단을 대표하는 사람으로서 자신의 말과 행동이 어떤 영향력을 가지고 있는지 늘 염두에 두어야 하지요.

해외에서 나라를 대표하는 외교관으로 일하는 경우에도 마찬가지입니다. 여러분도 혹시 해외에 나가게 된다면 자신이 우리나라를 대표하는 사람이라는 사실을 꼭 기억해 주길 바랍니다.

여행하면서 자라요

　착시 현상이라는 것이 있습니다. 똑같은 사물인데 실제와 다르게 보이는 것입니다. 착시 현상에 빠지면 올바르게 사물을 대할 수가 없게 됩니다. 똑바로 나에게 날아오는 물체도 피할 수 없게 되겠지요.

　또 선입견이라는 것도 있습니다. 미리 갖고 있었던 하나의 고정된 생각을 계속해서 고집하는 것입니다. 선입견에 빠지면 역시 올바른 판단을 할 수 없게 됩니다. 단점은 점점 더 나쁘게 자주 보이게 되고, 장점은 어쩌다가 나타나는 드문 일처럼 느껴지거나 혹은 아예 그냥 스쳐 지나치기까지 합니다. 착시현상이나 선입견이나 모두 스스로 어리석음에 빠지게 되는 결과를 초래하기는 마찬가지입니다.

　인류의 역사에는 잘못된 선입견을 갖고 오랫동안 특정 국가나 민족을 박해하거나 차별 대우를 했던 사례들이 많이 있습니다. 그러나 결국은 모두가 잘못

된 판단이었다는 것으로 증명되었지요. 유태인들을 박해했던 히틀러가 대표적인 예입니다.

　착시현상이나 선입견에 사로잡히지 않으려면 어떻게 해야 할까요? 무엇보다 많은 경험을 하고 시야를 넓혀야 할 것입니다. 여행은 두루 경험하고 넓은 세상을 볼 수 있는 좋은 방법입니다.

　여행을 하면 먼저 지혜와 겸손을 배울 수 있습니다. 우리는 여행을 준비하면서 처음 가 보는 장소에 대해서 여러 가지를 알게 됩니다. 또 직접 그 장소에 가게 되면 준비할 때는 미처 몰랐던 더 많은 것들을 알게 되지요. 뿐만 아니라 낯선 장소에서는 말과 행동은 물론 생각도 신중하고 조심스러워집니다. 어떤 때는 자기가 알고 있던 지식이 통하지 않는 경우와 맞닥뜨리게 되고, 다른 사람들에게 물어보아야만 알 수 있는 것들도 생깁니다. 낯선 사람에게서 원하는 정보를 얻으려면 친절하고 예의 바른 태도를 보여야 하지요.

한편으로 여행은 가족과 친구가 소중하다는 사실도 알려 줍니다. 언제나 곁에 있어서 미처 몰랐던 사람들의 소중함을 떨어져 있으면서 깨닫게 되는 것이지요. 결국 여행을 많이 한 사람은 세상을 혼자서 살아갈 수 없다는 사실을 알게 됩니다.

여행을 하면서 얻는 것은 책을 읽고 얻는 것과는 다릅니다. 직접 몸으로 부딪히는 경험이기 때문입니다. 모두 같은 곳을 가더라도 사람마다 제각기 다른 여행 기록이 나올 수밖에 없습니다. 모두가 보는 관점이 다르고, 가지고 있는 경험과 지식이 다르기 때문입니다. 그래서 여행은 단 하나밖에 없는 나만의 귀중한 경험이 되고 자산이 됩니다.

1695년 러시아의 피터대제는 왕이 되기 전에 2년 동안을 신분을 감추고 유럽을 여행하면서 선진 문물을 배웠다고 합니다. 여행을 하기 전에도 유럽에 관한 책을 많이 읽었지만, 더 많은 것을 얻기 위해 스스로 그곳에 가서 직접 경험하는 길을 택했던 것입니다. 그 덕분인지 러시아는 피터대제의 통치하에 근대국가로 도약하게 되었지요.

책은 우리에게 지혜

를 주는 훌륭한 매체이지만, 직접 현장에서 사람을 접하면서 배우는 지혜는 책을 통해서 얻는 것과는 또 다른 것입니다. 시간을 들여 사람들과의 교류를 통해서 얻는 지혜가 더욱 깊이 다가오고 오래 가는 것은 당연합니다.

'Seeing is Believing(보는 게 바로 믿는 것이다)'이라는 영어 속담이 있습니다. 백 번 읽는 것보다 한 번 보는 게 낫다는 뜻의 '백문이 불여일견'이라는 말도 있지요. 책을 읽고 뉴스를 보는 것만큼, 직접 부딪히면서 경험할 수 있는 기회를 많이 가지길 바랍니다.

어떤 나라든지 본받을 점이 있어요

　다른 나라들보다 정치·경제적인 면에서 발달이 앞선 나라를 보통 선진국이라고 합니다. 미국, 프랑스, 영국, 독일 등 선진국이라 불리는 세계의 중요한 나라들에게서 배울 점이 많은 것은 사실입니다. 그러나 잘 알려지지 않았거나 국력이 약하더라도 어느 나라에서건 분명 배울 점은 있지요.

　경기도 포천시에 있는 아프리카예술박물관에 가 보면 그들이 만든 훌륭한 조각과 수공예품들에 감탄이 절로 나오게 됩니다. 단순히 물건을 만드는 것에만 해당하는 이야기가 아닙니다. 아프리카나 동남아시아의 여러 나라들의 문학이나 예술 중에는 인류에게 감동을 주는 좋은 작품들이 많습니다. 남아메리카에도 노벨문학상을 수상한 작가를 배출한 나라가 여럿 있지요. 이들은 인류의 문화 발전에 큰 역할을 하고 있는 것입니다.

　인류 4대 문명의 발상지가 되었던 나라들 역시 현재는 선진국으로 불리지

않지만, 훌륭한 문화유산을 많이 남겼습니다. 국토 면적도 작고 역사적으로도 많은 침략을 받아 고난의 세월을 겪었으나 지금은 세계 여러 분야에 커다란 영향력을 끼치고 있는 이스라엘은 국력도 강한 나라입니다만, 가장 높게 평가받고 있는 부분은 종교를 기반으로 하는 정신 문화일 것입니다.

한 나라를 평가할 때 단순히 그 나라가 가진 경제력과 군사력만을 대상으로 해서는 안됩니다. 그러한 시각은 균형 잡힌 것이라고 할 수 없지요. 경제력이나 군사력 등 눈에 보이는 국력도 무시할 수 없지만 그 나라가 가진 정신적인 가치나 문화유산과 같은 무형의 자산을 중요하게 보아야 할 필요가 있습니다. 세계 모든 나라는 저마다 고유의 문화와 역사를 지녔으며, 그 속에는 우리가 배워야 할 좋은 가치가 들어 있기 때문입니다.

우리는 이러한 점을 간과하고 때로 특정 나라를 우리나라보다 국력이 약하다 하여 무시하기도 합니다. 그러나 아직 강대국으로 부각되지 않았다고 해서 계속해서 그 상태에 머무르란 법은 없습니다. 오히려 장래에는 강대국으로 성장할 수 있는 가능성이 큰 나라들도 있습니다. 아직은 여러 가지 사정으로 국가가 발전하지 못하고 있으나 언젠가 환경이 변하면 급속도로 발전할 수 있는 것입니다. 지금은 부유한 선진국이 된 독일이나 일본도 몇백 년 전에는 양식이 부족해 국민들이 고통을 겪은 때가 있었습니다. 미국이 독립하기 전에는 영국의 식민지였던 시절도 있었지요. 역사는 강대국이 계속 바뀌는 과정으로 이루어져 있습니다. 몇몇 나라가 영원히 강대국으로 존재할 수는 없는 것입니다.

최근에는 우리나라로 이주해 오는 동남아시아 또는 중앙아시아 사람들의 수도 매우 많아졌습니다. 이들 나라 역시 중요한 장점들을 많이 가지고 있다는 것을 여러분이 기억했으면 합니다. 우리가 포용력을 갖고 이러한 장점들을 수용하며 조화를 이룰 때 우리나라는 더욱 풍성한 문화를 이루며 발전해 나갈 것입니다.

부드러운 힘

　나라의 힘에는 강한 것과 부드러운 것이 있습니다. 둘은 다른 나라에 영향을 미치는 방식에서도 차이를 보입니다.
　강한 국력이라면 주로 전쟁 등 무력을 통해 다른 나라를 정복하는 물리적인 힘이나 부유한 경제력 같은 것입니다. 반면 부드러운 힘이란 상대방의 마음에 강한 인상을 남겨 알게 모르게 영향을 주는 것이지요.
　우리나라의 군사력과 경제력은 이제 세계 어느 나라와 견주어도 부끄럽지 않을 수준이라 할 것입니다. 그러나 한국의 진정한 힘은 부드러움 속에 있습니다. 우리의 문화와 정신 속에 깃든 착하고 아름다운 정신과, 자유와 평화를 위해 싸울 수 있는 용기야말로 다른 나라들로부터 높은 평가를 받을 수 있는 것입니다.
　우리는 세계 최대의 영토를 정복한 몽골제국에 맞서 굴하지 않고 싸웠던 고려인들의 용기와 1919년 3월 1일 일본 제국주의에 맞서 비폭력 저항운동을 펼친 삼일운동과 같은 중요한 정신적 유산을 가지고 있습니다. 특히 삼일운동은 제1차 세계대전이 끝난 뒤 세계 거의 모든 나라들이 자기보다 약한 나라들을 식민지로 만들기 위해 혈안이 되어 있을 때 새로운 세계관을 전해 준 역사적인 운동이었습니다. 삼일운동은 무력에 앞서는 정신의 중요성을 일깨워 새로운 국제 질서를 형성하는 데 큰 영향을 끼쳤습니다.

부드러운 힘은 다른 나라에 자연스럽게 영향을 주게 됩니다. 억지로 강요하는 것이 아니지요. 부드러움은 결국 강함을 이깁니다. 햇볕은 외투를 벗기지만 강한 바람으로 외투를 벗기지는 못합니다.

부드러운 힘은 주로 문화와 예술에서 나옵니다. 시나 소설과 같은 문학 작품이 사람들에게 끼치는 영향은 매우 큽니다. 어린 시절 읽었던 문학 작품은

어른이 되어서까지 잊히지 않습니다. 훌륭한 영화나 음악도 마찬가지입니다. 아름다운 디자인으로 표현되는 패션이나 건축 그리고 음식 문화 등도 중요한 국력에 속합니다.

우리나라를 방문하는 외국인 관광객들에게 좋은 이미지를 전해 주는 것 또한 부드러운 힘입니다. 무력으로 상대국을 제압하거나 정복할 수는 있지만 완전히 굴복시킬 수는 없습니다. 사람들의 마음에 오래 남아 영향력을 끼치는 것은 결국 문화의 힘입니다.

최근 우리의 음악과 방송, 드라마 그리고 영화와 문학 작품들이 국제적으로 높은 평가를 받으면서 한국 문화의 영향력을 키우는 데 크게 기여하고 있습니다. 꼭 이와 관련된 일을 하는 사람이 아니더라도 자긍심을 가지고 힘을 보탤 수 있는 방법을 고민해 봐야겠습니다. 문화는 국민 한 사람 한 사람이 관심을 가지고 향유하는 가운데 만들어지는 것입니다.

자긍심을 가져요

　우리나라 역사를 보면 우리 민족이 다른 나라의 간섭이나 침입으로 인해 어려움을 많이 겪었던 것을 알 수 있습니다. 때로는 화가 날 정도이지요. 특히 삼국시대에 당과의 전쟁에서 백제와 고구려가 패한 것을 비롯해서 내내 중국의 영향을 받았던 사실을 생각하면 자칫 열등감마저 느껴질 수 있습니다. 그러나 우리나라와 중국의 역사를 똑같이 두고 비교해서는 안 됩니다. 조금 다른 시각에서 살펴볼 필요가 있지요.

　중국은 대륙의 중앙에 위치했다는 지리적 특성상 주변의 다른 나라 민족들과 접촉하면서 새로운 문물을 받아들일 수 있는 기회가 있었습니다. 서역이라고 불리는 인도는 물론, 더 나아가 중동과 유럽으로부터 다른 문명을 흡수할 수 있었던 것입니다.

　원나라의 목화는 인도에서 전래된 것이고, 불교 또한 인도에서 전해진 것입니다. 또한 실크로드를 통해서 비단과 유리, 향신료뿐만 아니라 새로운 기술도 받을 수가 있었지요. 중국 역사상 가장 번성했다는 당나라 문화의 배경에는 서방으로부터 전해진 과학 기술의 영향이 자리 잡고 있습니다. 농경민족이었던 중국인들에게 새로운 문화적 영양분을 제공해 준 몽골을 비롯한 북방 민족의 공로 또한 무시할 수가 없습니다.

그런데 중국의 지리적 특성은 주변 문화를 수용하는 장점이 되기도 했지만 한편으로는 이민족의 침략을 받는 약점이 되기도 했습니다. 중국 역사 가운데 요나라, 원나라, 금나라 등의 왕조는 여진, 거란, 말갈, 몽골 등 이민족이 세운 것입니다. 결정적으로 만주족이 세운 청나라는 무려 수백 년간 중국 대륙을 지배했지요. 하지만 그런 와중에도 중국의 문화는 계속해서 이어졌습니다. 비록 외세의 침략을 받아서 무력으로는 정복당했지만 오히려 이민족들이 그들의 문화와 언어를 잊고 중국 문화에 동화되었던 것입니다. 중국인들은 이 점을 자랑스럽게 생각하고 이러한 문화적 포용력을 중국이라는 나라가 가진 강점이라고 말합니다.

이에 비해 우리나라는 아시아 대륙의 가장 동쪽 끝에 자리 잡고 있기 때문에 중국을 통하지 않고 다른 문화를 흡수할 수 있는 기회가 거의 없었습니다. 새로운 과학이나 기술도 중국이 전해 주는 것을 받거나 직접 가서 힘들게 입수해 오는 방법이 아니고서는 접하기가 어려웠습니다. 그렇게 불리한 입장에서도 수천 년간 우리 고유의 말과 글 등 문화적인 전통을 이어 오고 있는 우리 한민족의 저력은 놀라운 것입니다. 엄청난 인구 수와 문화의 힘을 가진 대국, 중국에 바로 이웃해 있으면서도 그에 동화되지 않았지요. 만일 한반도에 다른 어떤 민족이 살았다고 해도 우리만큼 잘 해낼 수 있었을지도 생각해 볼 수 있습니다.

다시 삼국시대 이야기로 돌아가자면, 당나라에는 인접한 민족들 가운데 뽑힌 강하고 유능한 장수들이 있었습니다. 이슬람 국가나 북방의 유목민으로부터도 뛰어난 인물을 뽑아 올 수가 있었지요. 그 덕분에 고구려와의 전쟁에서도 승리할 수 있었습니다. 우리가 가진 여러 불리한 조건을 생각하면, 오히려 당나라의 대군과 당당히 겨뤄 선전했던 고구려와 백제, 그리고 신라의 용기와 힘은 칭찬받아야 마땅한 것입니다. 우리는 조상들이 보여 주었던 저력에 자긍심을 가지고 역사를 대해야 합니다.

희망을 주는 나라, 대한민국

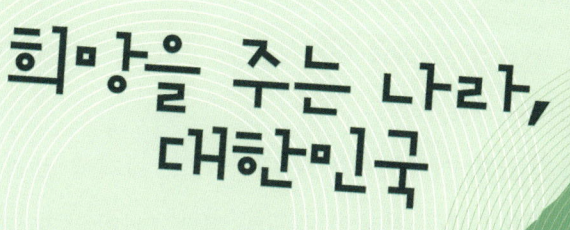

오늘날 세계 모든 나라들은 자신의 민족과 국가의 번영을 위해서 열심히 노력하고 있습니다. 중동을 비롯해 세계 각지에서 거의 매일 발생하고 있는 분쟁의 이유도 각자 자기 나라와 민족을 위하고자 하기 때문입니다. 세계는 정치와 경제적인 문제 때문에, 그리고 다른 나라와의 경쟁에 뒤떨어지지 않기 위해 나라와 민족들이 서로 다투는 큰 경기장과도 같다고 할 수 있습니다.

국가와 민족은 매우 중요한 것입니다. 나라를 보호하고 발전시키면 개개인도 보호받고 발전할 수 있습니다. 반대로 나라가 어려워지고 퇴보할 경우에는 국민도 멸시를 받게 되고 보호받지 못하게 되지요.

한국전쟁이 끝나고 얼마 되지 않았던 시기에 우리나라는 매우 어려운 형편에 처해 있었습니다. 거리에는 직업을 얻지 못한 상이군인들과 가난한 사람들이 많았습니다. 깡통을 옆에 차고 남의 집 대문을 두드리면서 밥을 달라고 조르는 거지들도 많았지요. 지금 여러분은 상상하기 어렵겠지만 실제로 우리에게 있었던 일입니다.

처음 외교부 생활을 시작했던 80년대만 해도 세계에 알려진 우리나라의 이미지는 대부분 이러한 한국전쟁의 폐허와 전쟁고아들의 모습 그리고 남북한의 잦은 충돌과 같은 부정적인 것이었습니다. 지금은 우리나라에 대해 이런 생각을 갖고 있는 외국인들은 거의 없지요. 오히려 멋진 문화와 첨단 산업이 발달한 선진국으로 인식되고 있어서 당시와는 엄청난 차이를 느끼게 됩니다. 한 시대에 이처럼 고난과 긍지를 함께 경험하고 나라의 자존심을 다시 찾을 수 있었던 것은 큰 기쁨입니다.

지금 세계에는 그때의 우리처럼 어려운 처지의 나라들이 많이 있습니다. 가난과 전쟁 그리고 문맹 등으로 고통을 받는 나라들입니다. 안타깝게도 할 수 있다는 자신감과 신념, 꿈이 없기 때문에 그러한 고통에서 벗어나지 못하는 경우가 많습니다. 다른 나라들이 조금씩만 도움을 준다면 이런 어려움을 벗어나 새로운 출발을 할 수 있는 가능성이 충분히 있지요.

우리나라는 예전의 우리와 같은 어려움을 겪고 있는 다른 나라들에게 희망을 줄 수 있는 나라입니다. 같은 어려움을 겪었지만 이것을 극복했던 한국의 경험이 그들에게 자신들도 할 수 있다는 꿈과 희망을 줄 수 있는 증거가 될 수 있는 것입니다.

이제 우리나라는 세계 여러 나라들과 함께 어깨를 나란히 하고 함께 살아나갈 지구촌을 위해 노력해야 하는 위치에 있습니다. 그런 책임을 가지고 있는 사람들이 우리 한국인이고 바로 여러분들입니다. 나라와 민족의 운명과 미래가 그 어깨 위에 달려 있다고 해도 지나치지 않습니다. 여러분이 어떤 꿈을 꾸

든 그 꿈은 여러분 자신의 것만은 아닙니다. 여러분 각자가 꿈을 이루어 갈 때 우리나라도 더욱 발전할 수 있다는 사실을 항상 기억하기 바랍니다.

세계를 가슴에 품고 꿈을 키워 나가는
대한민국 어린이가 되세요.